パリ、娼婦の街

シャン＝ゼリゼ

鹿島 茂

角川文庫
18219

目次

II

III

Ⅳ

Ⅴ

扉絵　岸リューリ

引用文の出典は各文末に（　）で示し、直前と同じ場合は記載を省いた。また翻訳者名が明記されていないものは、著者による翻訳である（編集部）。

はじめに

しばしば、娼婦《しょうふ》は世界で最も古い職業と言われる。いや正確には、娼婦は「人類より古い」職業と言った方がいい。というのも人類に最も近い類人猿ボノボを観察していると、メスが権力のあるオスに近寄ってお尻を突き出し、食べ物の分け前をもらってくる光景が目撃されるからである。

それはともかく、ここで逆に、娼婦は世界で最も最後まで残る職業かという問いを発してみると、どうも、そうではない、という気がしてくる。

将来において、女性の高学歴化と高収入化がさらに進み、「仕事と金」を男性以上に所有する女性が過半数を占めるようになったら、果たして娼婦稼業に敢えて身を投じる女性がいるだろうかと疑問に思うからだ。

つまり、娼婦という存在は、かなりな程度、社会の発展、より正確には資本主義の進化と関係しているということである。

前資本主義的段階の農耕社会では娼婦の数は多くはないが、資本主義が加速して都市化が進むと娼婦は急増する。しかし、資本主義が爛熟《らんじゅく》しすぎると逆に娼婦の数が減り始める

という パターンが普遍的に見られる。はっきりとした統計はないが、女性の社会進出の著しい社会では娼婦は減少の傾向にあるはずだ。

そして、このパターンは、十九世紀から二十世紀前半のパリにおいて、なぜあれほどに娼婦が多かったのかという私の抱える問題意識と見事にリンクしている。

十九世紀のパリ、それはデパートの誕生に見られるように、消費資本主義が発展を開始し、モノが社会に溢れるようになった時代と定義することができる。とりわけ、女性はこのモノの氾濫に晒《さら》され、物欲を肥大させていったのだ。

だが、その一方で、女性がそうしたモノを手にいれようと思ったら、親か亭主の財布に頼るしか道がなかった。「独身で、職業があり、しかもモノを思いどおりに購入できるだけ資力のある女性」という存在は社会に存在していなかったからである。

ブルジョワ階級の女性は、未婚のときには修道院の寄宿学校に閉じ込められ、親の勧める男性と結婚し、主婦となって初めてモノを買う「自由」を得ることになっていた。ゾラのデパート小説『オ・ボヌール・デ・ダム』に登場する女性客のほとんどが主婦（マダム）であるのは、そうした背景をよくあらわしている。

だが、こうした物欲マダムとてモノの購入に充てられる資金は十分ではない。亭主の財布は無限ではないからだ。そこで、物欲と現実のギャップをいかにして埋めるかという問題にマダムは頭を悩ますことになる。かくして、セレブ・マダムの隠れ売春という、本書でも扱ったテーマが浮上してくるのである。

　では、このパターンに収まらない民衆階級の女性はどうだったのだろうか？

　都市部では、小学校を終えるとお針子や女中などの低賃金労働に従事し、そこで結婚のための持参金を貯めるというのが普通だったが、しかし、こうした女工哀史的な「金なし」の独身女性とて、モノの氾濫に晒されるという状況は同じであったから、ここでもまた物欲と現実とのギャップに悩まされることになるのである。

　社会にモノが溢れ、商品の歌がいたるところで奏でられているのに、女性にはそれを手に入れるだけの金がない、さらにいうなら、そうした金を稼ぐことのできる職業というものがないというのが十九世紀フランス社会の実態だったのだ。このようなアンバランスな状況に置かれたら、頼る手段は一つしかないということになる。

　少し極端な言い方かもしれないが、十九世紀のフランス社会、とりわけ資本主義の坩堝《るつぼ》であったパリにおいては、民衆階級の働く独身女性ないしは手元不如意な主婦が物欲を、完全に充たすには「娼婦になるしか」道はなかったのであり、さらに一歩進んで「主婦ではない女性は娼婦だった」とさえ極言してもかまわないのである。

　こうした意味あいにおいて、本書は十九世紀フランスの娼婦を巡るエッセイでありながら、同時に「社会と売春の関係の研究」ともなっている。

　しかし、じつをいえば、著者の狙いはもう一つ別にあって、売春というこのシステムにおける資本主義構造の摘出もまた目標の一つなのだ。

というのも、金がなく、また金を稼ぐ職業がないために売春の道に入った女性たちは、「高級娼婦」であろうとも「低級娼婦」であろうとも、売春を続ける以上、否応なく金銭の論理に翻弄《ほんろう》されることとなり、最も資本主義的なかたちで金と愛の相克を生きざるをえなくなるからである。

売春それ自体が極度に資本主義化されていたのだ。

売春の入口は「モノを買うための金が欲しい」という単純な動機に支えられているが、いったんこの道に入ったら、金は非常に複雑な回路で循環しているため、入ってくる分も多いが出ていく分も多いということになり、そう簡単にはサイクルから脱出できないようになっていた。売春は資本主義に深く組み込まれているゆえに、出口は容易には見いだせなかったのだ。

前著『パリ、娼婦の館　メゾン・クローズ』では、公認の娼館（メゾン・クローズ）に多くのページを割いたが、本書においては、むしろ個人営業の私娼に焦点を絞って、ありとあらゆる社会＝心理的問題にスポットを当てるように心掛けた。

両著を併読いただければ、著者のテーマが、売春という切り口からする資本主義社会研究であることがご理解いただけると思う。

売春とは、思っているよりもはるかに複雑な構造を内包した社会現象なのである。

I

売春と資本主義

まことに不思議なことだが、売春の歴史というのは資本主義の発達史とパラレルな関係にある。資本主義が規制主義的なときには売春も規制主義になり、規制緩和で資本主義が自由主義的になったときには、売春も自由主義になるのである。

なぜなのか？

答えは単純である。売春は正式には「売買春」というくらいで、商品（セックス）の売買に金銭が介在するれっきとした「商行為」だから、資本主義のトレンドの影響を受けないはずがないのである。

アラン・コルバンの大著『娼婦』を始めとする十九世紀の売春史研究の多くが指摘する通り、パリにおける公認の売春宿、すなわちメゾン・クローズが最も栄えたのは七月王政（一八三〇―四八）の初期で、以後、右肩下がりの減少傾向をたどっていたが、第二帝政期に入るとその下がり勾配《こうばい》がきつくなり、一八八一年を境にガクンとその数を減らす。

コルバンは一般的に言われている理由をいくつかあげている。箇条書きにしてみよう。

①セーヌ県知事オスマンの大改造により、シテ島やアルシ地区などの貧民街が街区ごと一掃され、新しい街区が建設されたが、そうした新街区には、旧街区にあったメゾン・クローズは建設されないままに終わった。

つまり、オスマンの改造でパリが美化されて、ツルツル、ピカピカの街に変容すると、それになじまないメゾン・クローズは消滅するか、さもなければ業態を変えるほかはなかったということである。たしかに、街の再開発は売春街区を消滅させる。日本の場合もこれは当てはまる。一定の説得力を持つ説明ではある。

②経済的理由。第二帝政期から、メゾン・クローズの認可料が引き上げられたうえに、オスマン改造で地価が急上昇し、メゾン・クローズが採算の合わない業態になってしまったこと。これは日本でもバブル期に見られた現象である。

③メゾン・クローズにとって「良質な」娼婦《しょうふ》の獲得が困難になってきたこと。女将《おかみ》たちは周旋屋の値段の吊り上げを理由にしているが、これは、メゾン・クローズ衰退の原因であるよりも、むしろ結果だろう。

④ジャーナリズムが発達するとともに、警視庁が売春を公的に管理していることへの風当たりが強くなってきたこと。

とくに、台頭した左翼的なピュリスム（道徳的純化主義）が、メゾン・クローズをめぐる醜聞を暴き、世論を扇動するようになったことが大きい。今日もこの傾向は着実に引き継がれている。

いずれも、一理ある理由だが、もっと根源的なところで動いていたのは、これらとはまったく別の理由ではないかと思われる。

商品マーケットに見られた「必要から欲望への転換」と同じトレンドである。

これは、私が『デパートを発明した夫婦』で考察したことだが、アリスティッド・ブシコー夫妻がボン・マルシェというデパートを「発明」する以前には、商業は「必要」によって動いていた。

客は、衣服なり家具なりが「必要」になったら、商店にそれを求めに出掛けるのが普通だった。商人からすれば、客は「必要」だから来るのであり、なにも自分の方から積極的に動くいわれはなく、客と商人は、等価交換において対等のポジションにいた。いいかえると、商人は「売ってやる」という態度でもかまわなかったのである。

ところが、デパートというものが「発明」されて以来、商業の本質そのものが変化してしまう。客は「必要」があるからデパートに来るのではなく、豪華絢爛《けんらん》たるデパートにやってきて初めて「必要」を見出すのである。デパートに来て買い物をすることそれ自体が楽しく、わくわくすることなので、「必要」は口実に過ぎなくなる。そして、それにともなって、商品の質も変わる。商品は「必要」を満たすものではなく、客に購買の欲望を喚起するもの、すなわち自らの魅力（付加価値）によって、客が必要を感じていなくともそれを買いたくなるようなものへと変化する。

売春の歴史において起こったのも、じつは、ほぼこれと同じことだった。

七月王政下に進められた規制主義の売春管理は、男はやむにやまれぬ必要（つまり精液の放出の必要）からメゾン・クローズに来るのであるから、メゾン・クローズに性病（とくに梅毒）に感染していない健全な娼婦を揃えておけば、梅毒の蔓延《まんえん》は防げるというものだった。その「思想」は、メゾン・クローズの経営者にも確実に引き継がれたから、メゾン・クローズは「ほら、早く出せ、出し終わったらとっとと帰れ」という傲慢《ごうまん》な（経営者の方が威張っている）姿勢によって運営されていた。

いいかえると、味もそっけもない「精液の排水溝」であり、メゾン・クローズに来て、そこにいること自体が楽しいというような要素は少なかったのである。規制主義の唱導者パラン＝デュシャトレがメゾン・クローズをそのような実質本位なものと見なしていたのだから、これは当然の帰結であった。

ところが、こうした、「必要」を機軸とする、前資本主義的（あるいは社会主義的）なメゾン・クローズの経営方針は、顧客の購買心理が次第に消費資本主義的（デパート資本主義的）になるにつれて、人気を呼ばなくなる。客からすれば、「ただ出せればいい」というわけにはいかないのだ。射精そのものよりも、そこに至るプロセスを楽しみたいという願望がつよくなってくる。しかし、そうした願望からするとメゾン・クローズはあまりに貧弱であり、娼婦もまた魅力に欠けていた。

コルバンは、このプロセスを次のように描いている。

『精液の排水溝』としての娼家（そこへ人は生理的欲求のはけ口をもとめてやってくる）、そんな娼家に人びとはもはや、いくばくの魅力も感じなくなったのである。それに代わって、誘惑が性を美化し、それへの関心が著しく高まった」

では、こうした新たな消費資本主義的な欲望をもった男たちは、どんな娼婦とどんな娼家を望むようになるのだろうか？

まことに逆説的ながら、娼婦らしからぬ娼婦のいる、娼家らしからぬ娼家ということになる。つまり、ひとことでいえば、素人《しろうと》娘や人妻と疑似恋愛的な関係になることのできるようなトポスということである。金で「セックス」を買うのではなく、「愛」を買う（と錯覚できる）ような娼家が理想なのである。

「淫売宿《いんばい》の露骨な女の裸姿や安物の金ピカづくめは、かえって不快感をそそるだけのものになった。娼婦でない自由な娘たちが競って客を求めたり売春の新しいやり方が普及したことで、ある種の娼家は散ざんな目に遭った」

ここでコルバンが「娼婦でない自由な娘たちが競って客を求めたり売春の新しいやり方

が普及した」と述べているのは、ウエイトレスが給仕するふりをして売春するブラスリ(次章で詳述)、あるいはメゾン・ド・ランデヴーと呼ばれた素人(という触れ込み)のパートタイム売春斡旋所《あっせんじょ》(次々章で詳述)などである。

ところで、このうち、ブラスリがメゾン・クローズの経営を脅かす直接の脅威になったのに対し、メゾン・ド・ランデヴーの方は、メゾン・クローズが模索する新しい営業形態として注目を集めるようになる。なぜなら、待機する娼婦は鑑札を持った公娼でなければならないメゾン・クローズに対し、メゾン・ド・ランデヴーの方はその規制がなかったからである。その結果、従来は閉鎖型だったメゾン・クローズが次第に「開かれた」ものになってくる。

「公認娼家経営者の相当数は、その建物を部分的に改造して連れ込み娼家やメゾン・ド・ランデヴーの体裁で経営を続ける才覚をもっていた。(中略)このころからかなりの数の娼家で、次第に、娘たちがかなり自由に娼家の外へ外出できるようになっていき、少なくとも首都では、格子窓に南蛮錠をかける習慣が次第にすたれていった。プチ・ブルジョワ向け娼家の女経営者たちは、より大幅に『寄宿娼婦』を歓迎した。彼女たちは建物からの出入りは自由で、顧客からの金は自分たちの手で受け取り、下宿料を女将に支払いさえすればよかったので、この方式でやると、娼家は公認娼家というよりはむしろ連れ込み宿といった風になった。寄りつかない客足をかり立てようとして、パリの女将連中の中には大通りの繁華街や舞踏会のはねる時刻に、ぬかりなく娘たちを繰り出し客引きをさせるものさえ現われだした。このやり方は娼家の外で行なわれるような宴会場に娘たちを斡旋することにも発展していった」

こうなると、従来型のメゾン・クローズ（閉じられた家）は解体し、メゾン・ウヴェルト（開かれた家）に変容していくほかなくなる。

このメゾン・クローズからメゾン・ウヴェルトへの転換は、娼婦の側からも、また経営者の側からも、さらには客からも歓迎された。その仕組みは以下の通りである。

まず、娼婦から見ていくと、娼婦たちは、女将に下宿代（月ぎめのベッド代）さえ払えば、あとはまったく自由で、客から受け取った金は全額自分のものにすることができるようになった。ただし、従来は女将持ちだった衣装代、化粧品代、タオル代、医者への検診料などは全額自分持ちになるが、これとて、はるかに安く上げることができた。なぜなら、メゾン・クローズの場合は、天引きと称して、これらの娼婦の必需品に法外なコミッションが上乗せされていたからである。

一方、女将はというと、こちらもかなりの経費が削減された。というのも、メゾン・クローズの場合には、娼婦の頭数を揃えておかなければならないので、どうしても周旋屋にコミッションをはずまなければならなかったが、メゾン・ウヴェルトになったとたん、この経費がゼロで済むようになったからである。また、客引き婆《ばあ》さんやポン引きを雇う必要がなくなったことも大きい。さらには、業界紙に載せる広告費、豪華なサロンやホールを維持するための固定費なども不要になる。

客の側からいうと、いままではメゾン・クローズの中に入ってから敵娼を選ばなければならなかったが、メゾン・ウヴェルトなら、通りで顔見せをしている娼婦を自由に眺めて品定めをすることができるのだから、こんなにいいことはないということになる。

というわけで、三方、メデタシ、メデタシということになり、メゾン・ウヴェルトはメゾン・クローズを駆逐していくのである。

これは考えてみれば、入店した以上は何か買わなければ出られなかった個人商店から「入店自由、定価販売、返品自由」を謳ったデパートへの転換、さらには、そこからブランドのショップの集合体であるパルコ方式への移行というコースをたどる商品の売買と完全に軌を一《いっ》にしている。

売春もまた商業である以上、規制緩和と自由主義の大波からは逃れえなかったのである。

愛の共同幻想体としてのブラスリ

売春の諸問題に取り組んだパラン＝デュシャトレ博士を始祖とする規制主義者たちが、メゾン・クローズの積極的設置と娼婦の鑑札制度にこだわったのは、梅毒や淋病などの性病は私娼を介して蔓延するがゆえに、私娼を全員メゾン・クローズに強制収容しないかぎり、性病の拡大は防げないと考えたからである。

この性病の媒介者たる私娼に対する恐怖は、第二帝政期（一八五二―七〇）に、ゾラが『ナナ』で描いたサタンのように規制を免れようとする私娼の数が急増するに伴い、より激しいものに変わる。そして、普仏戦争の敗北に対する反省の過程で、フランス民族の「退化」が問題にされるようになると、それは完全にオブセッションの様相を呈する。なかでも、旧来の規制主義の囲い込みは手緩《てぬる》いと主張する新規制主義者たちは声を大にして私娼狩りを叫ぶようになる。アラン・コルバンは、この点に関して次のように指摘している。

「私娼の存在がひきおこす恐怖は、（中略）第二帝政時代にはすでにはっきりと感じとられ、それは、パラン＝デュシャトレのような人は気にもかけなかった危惧《きぐ》のあとに続いてやって来たものである。この恐怖感こそ、繰り返すが、規制の行き詰まりが意識されていたしるしである。しかし、だからといって、この制度を廃止すべきだと擁護者たちが考えていたわけではない。私娼に『侵略』されるのではないかという思いは、ブルジョワジーの世界に、性の解放がもたらされるのではないかという恐怖感から生まれたものであることを鮮やかに物語っている」（『娼婦』杉村和子監訳）

つまり、十九世紀末における売春と性病の問題とは、畢竟《ひっきょう》するに、性病の媒介者と目された私娼をどのように撲滅するかという問題に帰せられることになる。

実際、第二帝政期以降、私娼の増加は数量的にも確認されていると、性病学の権威であるモーリヤック教授は断定する。

「南仏の病院で診療をうけた患者たちに病毒を感染させた女性五〇〇八名は、たしかに登録した鑑札もちの娼婦（三五％）であったが、それよりももっと多くがもぐりの『クルーズ』［男あさりのふしだらな女］（四〇％）と『種々雑多な職業の娼婦』つまり召使い、女工、ビヤホールのホステス、芸人らであった。それとは反対に、お手当てぬきの愛人たちは、ほとんどその危険をもっていなかったことが明らかにされている（六％）。この結果はモーリヤックの目でみると、『もぐり売春』をどんな方法をとってでもなくすことと、夫婦以外の性関係に制限を設けることが、是非とも必要だと強調せざるを得ないものであった」

では、十九世紀の後半、どのような原因で、またどのような経過をたどって、私娼は急激な増加を見たのか、まずこの問題から考えてみよう。

第二帝政期以降に私娼が増え、その一方で、メゾン・クローズのような公認の娼館が減少した第一の原因は、急激な都市化にある。

すなわち、オスマンのパリ大改造によって、パリの人口は急激に膨れ上がったが、その増加分のほとんどは、出稼ぎにやってきた労働者、あるいは勉学のために上京した大学生たちだった。彼らの多くは独身者で、性欲の発散は切実な問題だったが、地方出で臆病な彼らにとって、厚い扉に遮られたメゾン・クローズの敷居をまたぐことは大きな心の負担になったはずである。

これら地方出身の独身者にとって、ほしいのは、性欲を満たしてくれると同時に孤独をいやしてくれるような「普通の女の子」であって、出会った瞬間に「いきなり」ベッドに直行して機械的に性欲を処理するプロの娼婦ではなかったのである。

いっぽう、同じように都市生活のきらびやかな魅力にひきつけられて、無一文で大都市にやってきた若い独身女性にとっても、「いきなり」メゾン・クローズの扉をたたくのはあまりに勇気の要る決断であった。自分の魅力は売っても、体まで売らなくて済むようなソフトな風俗はないか、これが地方からポッと出てきたばかりの女の子の願いだった。

つまり、大都市移住者となった若い男女にとって、公認の娼館であるメゾン・クローズは、その「いきなり」性、いいかえると疑似恋愛なしの即物的セックスゆえに、最初から忌避される運命にあったのだ。

こうした男女にとって、望ましいのは、最後は金銭の授受で終わるにしても、少なくともその入口は自然の出会いで始まるような「制度」あるいは「装置」である。

かくして、第二帝政から第三共和政にかけて、大都市、とりわけパリには、こうした疑似恋愛と疑似売春を背中合わせにしたような新しい風俗産業が続々と誕生することになるのである。


その典型的な例は、ブラスリ（正式にはブラスリ・ア・ファム、つまり女つきブラスリ）と呼ばれるビアホールである。

パリに定住したドイツ人を相手として始まったブラスリは、第二帝政の初期からモンマルトルの裾野あたりに点在し、中には、ボードレールやマネが通ったことで知られるマルティール通りの「ブラスリ・デ・マルティール」のように文学的・芸術的ビアホールとなったところもあったが、総じていえば、コーヒーとワインを主体とするカフェに比べれば少数派であった。

ところが、一八六七年のパリ万博を境にして、情勢が変わる。この万博で、メイン会場の周りに仮設店舗を出したバイエルンやアルザス、プロイセン、オーストリアなどのビアホールが、民族衣装に身を包んだ若い女の子たちにビールを給仕させたところ、これが大人気となったため、それに目をつけた業者が新しい業態のサービス業としてブラスリ・ア・ファムを始めたからである。

この新型のブラスリの発達の仕方は、平成の日本に出現したメイド・カフェとよく似ている。すなわち、まず最初は、アルザスやチロルあるいはボヘミアなどの民族衣装をまとった若くてかわいらしい女の子たちが、ピッチャーに入れたビールを運んできてはテーブルでジョッキに注ぐというパフォーマンスを行うにとどまっている。彼女たちはヴェルスーズ（ビールを注ぐ女）と呼ばれたが、それはこのパフォーマンスに由来している。

ただし、初期段階では、サービスは座席で愛嬌《あいきょう》をふりまくというレベルにすぎない。それでも、カフェのギャルソンしか知らなかった若い客にとっては驚きで、それこそ「萌え」を感じてしまう客も出てくる。しかし、競争が激化するにつれて、ただの給仕では客も喜ばなくなる。

そこで、店側はヴェルスーズたちにそのまま座席にすわって客の相手をするように勧める。もちろん、客には、自分も飲んでいいかとか、お代わりは要らないかと尋ね、どんどん金を使わせるようにするのだ。

1867年の万博以後、ドイツやアルザス系のビアホールがパリを席巻したが、人気の秘密はカフェと違って民族衣装をきたウェイトレスが給仕する点にあった。やがて、ウェイトレスたちは店内売春に走るようになる。

学生や店員などの若い客は、それまで自分と同年配の娘たちとまともに口をきいたことなど皆無に等しかったから、「制度的」に男女の会話が保証されるブラスリはさながら地上の楽園に感じられたはずである。

ブラスリのヴェルスーズたちは、長く店に居着いて「看板娘」のような役割を果たすことが多かったから、若い客たちは、現代日本の若者がキャバクラに日参するのと同じように、お目当てのヴェルスーズに喜んでもらいたいがために常連となるのだった。

かくして、ヴェルスーズと客の間に「疑似恋愛」の感情が生まれる。

しかし、そうなると、会って話をしているだけでは済まなくなる。客は行き着くところまで行きたいと思うし、ヴェルスーズの中にも「枕営業」で、手っ取り早く稼ぎたいと思う娘も出てくる。

そのあたりは店側でも承知しているから、店の奥に個室を設けたり、あるいは近くの同伴ホテル（オテル・ド・パッス）を用意したりする。場合によっては、ピンク・キャバレーのように、座席でそのまま客の欲望を処理することもあった。ようするに、最終的には、射精を目的とする「抜き」ブラスリに変化したのである。

とはいえ、ブラスリ、とくに学生相手のカルチエ・ラタンなどのブラスリの場合、客の望みは「抜き」であるよりも、ヴェルスーズとの疑似恋愛にあった。つまり、男たちは、ヴェルスーズが「金」よりも「愛」によって体を許しているのだと信じて、日参したのである。

事実、ヴェルスーズの中には本気で客に恋してしまう娘もいただろうし、また「枕営業」を避けるために、「純愛」を前面に押し出す娘もいたはずである。

こうして、疑似恋愛と疑似売春の背中合わせになった「愛の幻想共同体」としてのブラスリがカルチエ・ラタンなどに大量に発生することとなったのである。

学生たちは、仲間同士で、それぞれお目当てのヴェルスーズを席に呼び、まるで彼女たちが自分たちの恋人であるように錯覚して、どんちゃん騒ぎを繰り返した。

この「愛の幻想共同体」のことを、熱い思いで語っているのが、ドレーフュス事件を境に右翼の精神的指導者となるモーリス・バレスである。一八六二年にロレーヌ地方に生まれ、一八八三年にパリに出てカルチエ・ラタンで学生時代を送ったモーリス・バレスは『デラシネ』の中で、懐かしげにブラスリの雰囲気を回想している。

「煙草《たばこ》の煙がもうもう立ちこめた店内に娘や学生が身動きのとれないすし詰めの塊りになり……。この若い男女の塊のうえに、ガス燈、紫煙、酔い、そしてありとあらゆる欲望が渦巻き、赤と黒に交互に変わるどぎついゲームの数取り札がばらまかれていた。さまざまなこんなにもたくさんの若者が、がなり立て、興奮している様は、もはや一人以上の人間の集合体というよりむしろ、ひとつのものになってしまって、まるで、いくつもの手と口をもって、それらを自由自在に、酒と女に伸ばしている一匹の動物さながらであった……。

一八八三年にレ・ゼコール街、ムッシュー＝ル＝プランス街、そして、オデオン座に近いヴォージラール街にいっぱいあったこれら無数のビヤホールの中で、あらゆる色合の自由な愛が混然と一つにとけあっていた」（アラン・コルバン『娼婦』杉村和子監訳）

では、こうしたエロ系ブラスリで雇われている女の子たちの待遇はどうだったかといえば、決して悪くはなかったようだ。

というのも、店側がタックスとして女の子たちの儲けから天引きする経費が、メゾン・クローズなどに比べてかなり安かったからである。

まず、フランスの飲食業界の通例に従い、店側は、女の子たちが分担するテーブルの席料を徴収する。つまり「営業」のショバ代である。これは、ヴェルスーズに限らず、カルチエやレストランのギャルソンでも同じである。次に必要なのは、煙草を吸う客のために用意するマッチ代。これもヴェルスーズの負担となった。雑用を賄うギャルソンへのチップも必要である。さらに、賄い飯のための「賄い料」もある。民族衣装などの制服は、店持ちのところと自己負担の店があったが、前者の場合には賃貸料が課せられるのが常だった。

しかし、これらの天引き分を全部差っ引かれても、ヴェルスーズたちの手元には、一日五フランから二十フランは残ったし、同伴ホテルでの「枕営業」は店に規定の料金を差し出せば自由に行えたので、規則の多いメゾン・クローズで働くよりも、女の子たちははるかに「割」のいい仕事をこなすことができたのである。

　そのせいか、ブラスリでは、女の子の移動が少なく、その結果、常連の固定客がつくことになり、その分、バレスの描くような疑似恋愛が多く生まれたのである。

　ことほどさように、ブラスリのうちに、われわれは、日本のキャバクラ、あるいはメイド・カフェの先駆形態を見出すことができるのである。

メゾン・ド・ランデヴーと人妻

オスマンのパリ大改造によって加速された急激な都市化現象が、旧来的なメゾン・クローズを衰退させ、新しいタイプの売春形態を誕生させたことは先に指摘した通りだが、その新しいタイプの売春が売りにしていた特徴は何かといえば、これが「素人っぽさ」であった。すなわち、メゾン・クローズのプロの娼婦《しょうふ》たちにはない素人女の初々しい（と見えた）サービスが売り物となったのである。

ブラスリの「ヴェルスーズ（ビールを注ぐ女）」は、まさしく、こうした「素人っぽさ」に対する男たちの需要から生み出されたものだが、素人女というと、蓮っ葉なグリゼット（低賃金でモードのアトリエなどで働く女子従業員）のほかに、もう一つ、「人妻」という存在があった。

そう、暇をもてあまし、セックス下手な亭主に対する欲求不満からアヴァンチュールを求めて売春に走る「人妻」というイメージが、今日の日本と同様、世紀末のパリには「大いなる幻影」として浮遊していたのである。

その浮遊する「大いなる幻影」を巧みに捉《とら》えて形象化したのが、新型売春の一方の雄となったメゾン・ド・ランデヴーである。

メゾン・ド・ランデヴーとは、文字通り、自由な意思をもった男女が出会い（ランデヴー）をするための場所を提供すると称して誕生した風俗施設であり、いまふうにいえば店舗型出会い系サイト、あるいは「大人の交際スポット」であった。

「原則として、パリのメゾン・ド・ランデヴーは住み込みの娼婦は置かなかった。その名称が示すように、明らかに、金持ちの客と女の逢い引きをとりもつようにしているのである。その場合、女は確かに客に売春することは承知しているものの、自分のことを身持ちのよいブルジョワ婦人だと自称しているのである。（つまり、女優とか人妻だとか、夫を亡くしましたとか、夫と別れましたとか）」（アラン・コルバン『娼婦』杉村和子監訳）

もちろん、こうした「自称」は、「素人っぽさ」にこそ価値があるという認識のもとに導入された商品の「自装」であり、たいていの女はそれなりに経験を積んだ私娼であることは、いまも昔も変わりはない。それどころか、メゾン・クローズが左前になったために、看板を付け替えたにすぎない店もあった。

しかし、「割り切った交際」であるとはいえ、あくまで「自由な交際」という名目は保持しなければならないので、女の側に選択の権利はあるという原則が貫かれ、女と男の出会いが演出される際にも、直接的な金額の提示は行われず、女は男に誘惑された風を装うことになっていたのである。

アラン・コルバンによれば、この手のメゾン・ド・ランデヴーは一八八八年には十五店ほどだったものが二十世紀初頭には十倍以上の二百店に達していたというから、たいした繁盛ぶりである。「素人の人妻」という幻影がいかに世紀末の男たちを魅惑していたか、イメージの肥大ぶりを知ることができる。

では、このメゾン・ド・ランデヴーとは、具体的にいかなるところだったのだろうか？まず、ロケーションからいくと、ブルジョワの人妻が立ち寄りやすい場所という「物語」から割り出したのか、デパートの近くの閑静な住宅街が選ばれることが多かった。人妻はデパートに買い物に出掛けるという「口実」を設けて外出し、空いた時間に手早く「仕事」を済ませるのだといえば、客はそのまま信じたからである。

区でいえば、プランタンやギャルリ・ラファイエットの裏手の九区、左岸でいえばボン・マルシェ近辺の七区などが最も好ましいロケーションとされた。

また、施設自体も、「番地」が赤いランタンで照らされるメゾン・クローズとは異なり、目立った標識のないごく普通の建物のアパルトマンを使用していたので、たとえ、「本物の人妻」が訪れようと、通行人や住民から怪しまれるなどという心配はなかった。

さらに、メゾン・ド・ランデヴーのインテリアも、エロティシズムを喚起する要素は周到に避けられ、趣味の良いブルジョワ風の居間のコンセプトで統一されていた。ようするに、欲求不満からか、あるいは小遣い銭ほしさからか、とにかく「割り切った交際」を希望する「本物の人妻」がいるというのがミソで、そうした人妻を紹介してもらいたいと切望する鼻下長紳士《びかちょうしんし》たちのイメージにかなうように工夫されていたのである。

もう一つ、「素人の人妻」が相手であることを強調するための演出として用いられていたのが、メゾン・ド・ランデヴーの営業時間である。

すなわち、営業時間が、人妻が家を空けることが可能な時間帯ということで、わざと午後の数時間（二時から五時まで）だけにしている店が多かった。一番、遅くまで開いている店でも、午後の七時というのが限度であった。これは、現在の日本で行われている人妻・熟女系の店の営業時間とほぼ同じである。信憑性《しんぴょうせい》を高める工夫は洋の東西を問わないのである。

しからば、メゾン・ド・ランデヴーは、いかなる「システム」によって機能していたのだろうか？　つまり、客となる男たちは誰に金を払い、女たちは、誰から、どういうかたちで金銭を受け取っていたのかということである。

「店頭には娼家の女将がいる。これは以前の大手売春業者の後身で、その女は一般に、誰でも一目おくような貫禄を示し、正装して訪問客を迎える。メゾン・ド・ランデヴーのこのマダムが、勧誘員や客引きおよびブローカーらの女集めの組織網を一手にして自由に操り、それで逢い引きの組合わせができる仕組みになっている。念のために繰り返すが、そのマダムが店に引っ張ってくる女たちは、おそらく、そしてたいていは登録娼婦であった」

このマダムが客から金を受け取り、その半分を女たちに渡すのである。この五・五という割合は、売春のあらゆる形態において一般的であり、かなり良心的な店でも六・四（娼婦が六、店側が四）が最高で、それ以上はありえなかった。反対に、悪辣《あくらつ》な店では、三・七（娼婦三、店側七）という割合さえあった。驚くべきことに、この比率は、いまの日本でも変わらない。売春というのは、常に胴元が一番儲かるという点で、博打と同じなのである。

ではメゾン・ド・ランデヴーの料金はどのようなものであったかというと、これはメゾン・クローズのような規制がない分、かなり高額であったことは確かなようだ。資料としてよく引用されるパリ警視総監レピーヌの規制草案（一九〇〇年）によると、四十フランを境目として高級店と一般店が区別され、高級店の方は上限がなかった。四十フランといえば、一フラン千円の換算でほぼ四万円。確かに、メゾン・クローズよりは割高である。高級店の方はというと、一九〇三年の資料で六十フランから百フランということになっているが、なかには五百フラン（五十万円）も吹っかける店もあった。

しかし、金額が高くなればなるほど、「本物のブルジョワの人妻」が相手と信じる男たちがいるから、商売は十分にやっていけたのである。

そして、実際に、ときとして、そうした「本物のブルジョワの人妻」が、マダムの張り巡らした網にかかってくることもあった。

ジョゼフ・ケッセルが『昼顔』で描いた人妻セヴリーヌは、その典型である。八歳のときに鉛管工によっていたずらされたトラウマから、通常のセックスでは満足できない肉体になっているセヴリーヌは、医師である夫のピエールを深く愛しながらも、危険な誘惑の罠《わな》に嵌《は》まっていく。きっかけは、クチュリエでドレスを仕立ててもらっているとき、友達のルネから聞かされた話だった。ルネは、共通の友人であるアンリエットがメゾン・ド・ランデヴーで働いているという噂をセヴリーヌに伝えたのだが、セヴリーヌはこの話に激しい動揺を感じる。そして、夫の友人のユソンから、そうした店の一軒の所番地を聞き出すと、好奇心に駆られて、ヴィレーヌ街九番ビスのマダム・アナイスの店に足を運ぶのである。

「三度目に、セヴリーヌは、その世をはばかるように記された文字を素早く読んだ。

マダム・アナイス――二階左側

そして、四度目に、彼女は、その家へ入った。

セヴリーヌは、自分がどうして階段を上ったか、また自分がどうして開かれた扉の前に、ひとりの、まだ若い大柄の、ブロンドの、気持ちのよい女の前に立っているのか、何も知らなかった。彼女は息をきらしていた。彼女は逃げ出したかった。そのくせ逃げ出し兼ねていた。彼女の耳が聞くのだった。

『何か御用ですか、マドモワゼル？』

すると彼女がささやくように云うのだった。

『あなたでしょうか……お世話下さるのは？』

『あたしがマダム・アナイスです』

セヴリーヌは、迷ったけだもののような眼ざしで、自分のいるこの寄り付きの部屋を見まわした」（堀口大学訳　新潮文庫　現代仮名遣いと新字に変更）

『昼顔』は、ルイス・ブニュエル監督によって映画化され、セヴリーヌをカトリーヌ・ドヌーヴが演じていた。マダム・アナイス役は、眼に特徴がある、フランス版の楠侑子《くすのきゆうこ》といった感じのジュヌヴィエーヴ・パージュ。

マダム・アナイスは、ボーッとしているセヴリーヌを落ち着かせるように言葉をかける。

『いくらか楽な目がなさりたいんで、ここにおいでになったんでしょう。あたしが出来るだけのお世話はいたします。あなたは可愛くって、さっぱりしておいでだから、この家にはもって来いです。半分はあなたにあげ、半分はあたしがいただきますよ。あたしにも、いろいろ掛かりがありますからね』」

マダム・アナイスは、セヴリーヌを落ち着かせるように優しく接吻《せっぷん》した後、いつから仕事を始めるのかと尋ねた。

『あたし、分かりませんの……考えてみますわ』

不意に、セヴリーヌが、叫ぶのだった、二度とこの家から逃れ出せぬとでも思ったかのように。

『とにかく、五時には、あたし、どんなにしても、かえらなければなりませんのよ……どんなにしても』

『それはどうでも、あなたの御自由で結構ですわ。二時から五時までなら、時間は十分ありますからね。あなたは《昼顔》になるわけですわ。ただ、時間を守らなければいけませんよ。さもないと、お互いに仲たがいになりますよ。五時には帰してあげますから。可愛い恋人があなたの帰りを待っているんでしょう。それとも、可愛い御亭主かしら……』

こうして、セヴリーヌはメゾン・ド・ランデヴーの花形「ベル・デュ・ジュール」となったのである。

なぜ、売春をしてはいけないのか

この段階に至っていまさらこの問題を取り上げるのもどうかとは思うが、まったく触れずに済ますのも不自然なので、ここでは敢えて問うてみよう。

なぜ、売春をしてはいけないのか？　と。

この根源的な問題に対しては、さまざまな答えが出されると思うが、そのうちで最も消極的なものは、「売春は法律で禁じられているから」というものだろう。そんなの理由にならないという人がいるかもしれないが、私は立派な理由だと思う。なぜなら、日本には売春防止法という法律があり、その中で、売春は第二条で「対償を受け、又は受ける約束で、不特定の相手方と性交すること」と定義された上で、第三条で「何人も、売春をし、又はその相手方となってはならない」と、はっきりと売春の禁止が法律に謳《うた》われているからである。つまり、売春は殺人や強盗などと同じような「犯罪行為」なのであるから、これを売春をしてはいけないという理由に挙げるのはもっともなことなのだ。

ところでいま、わざわざ売春防止法まで持ち出して、日本においては、売春は犯罪行為であるという「事実」を強調したのはなぜかといえば、それは、フランスでは、いまも昔も「売春それ自体は犯罪行為ではない」という法的に認識されている「事実」があるからである。つまり、フランスでは「法律で禁じられているから売春をしてはいけない」という論法は成り立たないのである。

しかし、そんなことをいうと、フランスでは、管理売春は禁止だし、街娼《がいしょう》が狩り込みにあって逮捕される現場がよく映画などにあるではないかという反論が出てくるだろうが、しかし、それでもなお、売春それ自体は犯罪行為を構成しないことは事実であるというほかない。売春を禁止すると定めた法律は存在しないのだから仕方がない。

では、いったい、フランスでは何が禁止されているのか？

じつは、これは答えるのに案外複雑なのだが、ものすごく単純化してしまえば、おおよそ次のようになると思う。

すなわち、売春それ自体は禁止ではないが、それを実践しようとして行動を起こすことはほとんどが禁止となっているということだ。

ちなみに、日本の売春防止法は、管理売春および売春斡旋（フランスではこれは全面禁止）に関する罰則を扱った第六条以下の諸条とは別に、勧誘等を禁ずるとして第五条を掲げているが、その内容は、われわれがフランスにおいて禁止されているものを考える上で参考になる。

一　公衆の目にふれるような方法で、人を売春の相手方となるように勧誘すること。
二　売春の相手方となるように勧誘するため、道路その他公共の場所で、人の身辺に立ちふさがり、又はつきまとうこと。
三　公衆の目にふれるような方法で客待ちをし、又は広告その他これに類似する方法により人を売春の相手方となるように誘引すること。
ようするに、これは私娼が街頭や広告を使って客を勧誘することの禁止事項であり、日本で売春が犯罪行為とされる以上、これらの誘引アクションが違法となるのは当然のことである。

いっぽう、フランスの法律や条例においては、売春自体は犯罪とはならないが、しかし、娼婦がここに述べられているような誘引行動を取ろうとすると、たちまち、それは犯罪行為となるという大矛盾が存在していたし、今も存在している。

アラン・コルバンは、『娼婦』の中で、パリやマルセイユの鑑札持ちの街娼が順守しなければならない規則を次のように列挙している。

「パリでは、街頭あるいは公共の広場で、夜七時以前と十時または十一時以後は、客引きはおろか姿を見せることすら禁じている。煽情《せんじょう》的な化粧や歩き方をしてはならないし、『無帽』でなければ、歩きまわることはできない。町なかでの客引きに対して規制主義者たちの抱く危惧《きぐ》はしつこいほどのものであり、たとえただの通行人にでも体が触れるようなことがあってはならないし、みだらなしぐさや言葉で気をそそること、とりわけ窓から招くことを禁じているところにも、それは窺《うかが》える」

このうち、現代の常識から見て解説を要するのは、娼婦は帽子を被《かぶ》って公道を歩きまわってはいけないという規則だろうが、これは、まっとうな婦人は帽子を被るものという当時の礼儀作法から導き出されたもので、娼婦が素人の婦人に化けて営業するのを防ぐための一条である。

このほか、多くの都市の条例で禁じられている項目のうち主だったものを挙げると以下のようになる。

①カフェや酒場、レストランで客引きをすること（入場そのものを禁じている条例もあり）。

②許可なく劇場に入ること。

③公道や広場で立ち止まったり群れていること。とくに、リセや兵営、教会の近く。

④無蓋《むがい》の馬車で外出すること。

⑤街灯が灯ってから三〇分たたぬうちに、公道で人の流れに入ること。

また、パリでは、パサージュ、モンマルトル大通りからマドレーヌ大通りまでのグラン・ブールヴァール、パレ・ロワイヤルの庭園と周辺、チュイルリ公園、リュクサンブール公園、植物園、シャン＝ゼリゼ、アンヴァリッド周辺、外郭ブールヴァール、セーヌ河岸、橋の上、などが立ち入り禁止区域となっていた。これらは、いずれも繁華街ないしは休日などに人出の多い場所であり、こうした場所への出入り禁止は、街頭での営業禁止に等しかった。

さらに、極め付きは、パラン＝デュシャトレが調査に当たった時代（七月王政期）に施行されていた次のような条例である。

「娼婦は家具付きホテルに泊まれるが、そこで売春に従事することはできない。ときどきこれらの安ホテルを巡回する夜間巡視で、登録済み娼婦が男と寝ているところを見つかった場合、科される罰は、以下のような状況に応じて、さまざまである。

発見された安ホテルに居住している娼婦であれば、禁固一カ月

別の場所に住んでいれば、禁固二カ月

女将に所属するものであれば、三カ月から四カ月」（アレクサンドル・パラン＝デュシャトレ『十九世紀パリの売春』アラン・コルバン編　小杉隆芳訳　法政大学出版局）

なんという理不尽な規則だろうか？　これでは、娼婦はいったいどこで営業すればいいというのだろうか？

それはさておき、この条例の存在を知って初めて、『ナナ』の警察による狩り込みの場面を正しく理解することができるようになる（ということは、この規則は第二帝政期までは生きていたことになる！）。

すなわち、ナナは同棲《どうせい》相手のフォンタンとケンカして家を締め出され、親友のサタンのいる家具付きホテルの部屋に泊めてもらおうとするが、運悪くサタンが家賃滞納で追い立てをくっていたので、しかたなく、二人して別の家具付きホテルに泊まることにする。「が、もう十二時も回っていたので、さしあたり、どこか寝る所をさがさなければならなかった。サタンは、巡査がかかり合わない方が無難だと考えて、ラヴァル街で、家具つきの小さいホテルをやっている女の所にナナをつれて行った」（川口篤、古賀照一訳　新潮文庫　以下、同書）

二人はこのラヴァル街の家具付きホテルで愛撫《あいぶ》を交わしながら、二時過ぎまで、息を殺して笑いあっていた。すると、階下から騒々しい物音が聞こえてきた。サタンは半裸のまま起き上がって「警察だわ！　畜生！　なんて間が悪いんだろう！」と叫んだ。「彼女は、警察がホテルに手入れをすることをこれまで何度となくナナに話してきかせた。ところが、丁度その晩、ラヴァル街に逃げて来た時には、ふたりともすっかりその用心を忘れていた」

警察という言葉を聞いて動転したナナは、二階の部屋から中庭のガラス張りの天井の上に飛び降り、闇の中に姿を消してしまう。サタンはというと、手に針の痕跡がない（お針子ではない）という理由で警察に連行されてしまう。

「ホテルのなかではあちこちから叫び声があがっていた。ひとりの娘は、連行を拒んで、扉にしがみついていた。男と一緒に寝ていた別の女は、男が身元を保証したので、堅気の女が侮辱を受けたふりをして、警視総監を訴えてやるといきまいていた。一時間近くも、階段を昇り降りするドタ靴の音がひびき、ノックに戸はゆすぶられ、甲高い言争いがしずまるとすりなきに変り、スカートが壁をこする音が聞こえた」

ことほどさように、鑑札を与えられた街娼でも「合法的」に営業することは、まことにもって難しかったのである。

こうした条例の多くは街娼の鑑札に順守義務として書き込まれていたが、しかし、当然ながら、それを完全に守ろうとする娼婦など皆無だった。順守したりしたら、商売などやっていけるわけがなかったからである。「冗談じゃないわよ。こんなに禁止がたくさんあったらどこでどうやって商売すればいいのよ」と娼婦たちは全員叫んだにちがいない。

事実、この理不尽さが警察当局の狙いだったのである。つまり、「売春そのものを禁止することなく、売春を不可能にすること」こそが当局の目論見であり、娼婦がどれほど慎み深く振る舞って規則を守っていたとしても、警察にその気があるときは、条例違反を口実にして好きなように娼婦を逮捕することができた。それがいやなら、娼婦は街頭を去って、公認のメゾン・クローズに身を置くしかなかったのである。

これは、鑑札を持っていようといまいと私娼というものを目の敵にしていたメゾン・クローズ側の希望でもあった。つまり、度重なる私娼撲滅は、当局とメゾン・クローズ双方の一致した願いから出てきたものだったのである。

アラン・コルバンは、こうした「許可しながら禁止する」当局の姿勢についてこう述べている。

「街娼に課せられる禁止事項は余りにも多く、単独で合法的に客引きをすることと、公道での挑発行為の区別はほとんどつけがたいものである。また、街娼の立入ってはならない街区はあまりにも広範囲であるというわけで、この不幸な女たちは警官の意のままに従わざるを得ないのである。検挙数の多いことがこぞってこのことを証明しているし、また、警官たちの一方的な権力行使が街娼を『姿をくらます』ことへと追いやるのである」(アラン・コルバン『娼婦』)

かくて、フランスにおいては、「なぜ、売春をしてはいけないのか？」という問いに対する答えは次のようなひどく錯綜《さくそう》したものになるほかない。

「売春は犯罪ではないからしてもいいのだが、実際上はできないからしてはいけないのだ」

歩き回る私娼たち（グラン・ブールヴァール）

フランスにおいて売春は犯罪ではない。

しかし、公認の売春宿たるメゾン・クローズに雇われるのでなく、個人事業主として売春しようとすると、ありとあらゆる禁止事項を網羅した法律がそれを不可能にする仕組みになっていた。つまり、売春したかったら、鑑札をもらった上で、ちゃんとメゾン・クローズで働きなさいという規制主義が支配していたわけである。

だが、既に見たように、資本主義が発達し、「必要」から「夢見」へと、商品購買衝動が変化するにつれて、「必要」の装置であったメゾン・クローズは没落し、「夢見」の装置である私娼（街娼）が跋扈《ばっこ》するに至るのである。

では、メゾン・クローズから逃げ出した「籠の鳥」たる私娼たちは、どのような工夫を凝らして規制をかいくぐり、商売をしたのだろうか？

ひたすら歩道を歩くこと、これである。

一ヵ所に立ち止まったり、客に声をかけたりしてはいけないが、「ただ歩いている」のだったら、警官とて取り締まるわけにはいかない。売春それ自体は犯罪ではないし、娼婦だからといって「移動の自由」という基本的人権が認められないわけではないのだから。そこで、「歩け、歩け」が娼婦の合い言葉となる。

「街娼の本領は路上をぶらつき客をひっかけることである。（中略）膨張した都市圏内で、公認娼家が姿を消したことと、街頭の娘たちの活動範囲の広がったこととは関連がある。彼女たちは都心部の陰気な界隈《かいわい》から出て、次に都市周辺部の大通りに姿を現わし、徐々に都市全体に及んでいくのだが、少なくともパリでは彼女たちは、獲物を追い求めてあちこちと、複雑に入り組んだコースで際限なく歩き続けるのである」（アラン・コルバン『娼婦』）

こうした街娼の本質を知ると、ゾラの『ナナ』がいかに素晴らしい娼婦小説であるかがわかってくる。とりわけ、役者のフォンタンと同棲したあげくに、街娼にまで落ちぶれたナナが親友のサタンとともにパリ中を歩き回る場面は、娼婦の仕事とは歩くことという紛れもない真実を認識するのに役立つ。

まず、街娼たちの出撃のシーンから。

街娼たちは、外郭大通りよりも少し下のあたり、なかでも、新たに造成されたブレダ街（現在のアンリ・モニエ街）付近の新築のアパルトマンに多く住み、そこからグラン・ブールヴァールに向かって坂を下ってゆくのである。

「サタンとナナは夕食をおえて、九時頃一緒に出かけた。ノートル・ダーム・ド・ロレット街の歩道の上を、スカートの裾をからげ、目をふせて、陳列してある商品には目もくれずに忙しそうに店先きをかすめてゆく女たちの二つの列が、大通りの方へ急いでいた。ガス灯のひかりはじめたなかを、ブレダ区の飢えた女たちがくだって来るのだった」(『ナナ』川口篤、古賀照一訳　新潮文庫)

では、なぜ街娼たちがブレダ街付近の新築アパルトマンに、それこそ群れをなして住んでいたかといえば、そこが外郭ブールヴァールに行くのにも、グラン・ブールヴァールに行くのにも丁度よいポジションだったということのほかに、もう一つ、アパルトマンが新築なので借りやすかったという理由がある。その理由についてはいずれ詳述することにして、ナナとサタンの「歩き」を追ってみよう。

「ナナとサタンは教会に沿ってどこまでもル・ペルティエ街を歩いて行った。そして、カフェ・リッシュから百米ばかりのところへ来ると、そこが二人の仕事場なので、二人は今まで注意深く片手でつまみ上げていた裾を下ろした。それからは、埃《ほこり》を物ともせず、歩道に裾を引きずって、身体をゆすりながら、小刻みに歩き始めた。そして、大きなカフェから射す煌々《こうこう》たる光の中をよぎるときには、一層歩をゆるめた。二人は、振り返る男たちに視線をなげかけては、胸をそらして高々と笑い、まるで自分の家にいるように伸び伸びと振舞った。唇を赤く染め、瞼《まぶた》を黒く隈《くま》どった二人の白塗りの顔は、闇の中では、まるで、勧工場で売っている十三スーの東洋人形が街の中に抜け出してきたような妖《あや》しげな美しさを放っていた」

ル・ペルティエ街というのは、街娼たちが下りてくるノートル＝ダム・ド・ロレット街の続きの通りの一つで、オペラ座の前を通ってブールヴァール・デ・ジタリアン（イタリアン大通り）に行き当たるかたちになっていた。カフェ・リッシュは、このル・ペルティエ街とブールヴァール・デ・ジタリアンが交わる角にあった。

1930年頃の街娼。同伴ホテルの前で待つ。

ノートル＝ダム・ド・ロレット街に続くもう一本の通りはフォーブール・モンマルトル街で、こちらは街娼にとってのパラダイスであるパサージュ・ヴェルドーとその延長であるパサージュ・ジュフロワを通って、ブールヴァール・モンマルトルに通じていた（これらパサージュについては後述）。

つまり、ノートル＝ダム・ド・ロレット教会を頂点にする三角形（底辺：ブールヴァール・デ・ジタリアンとブールヴァール・モンマルトル、二辺：ル・

ペルティエ街とフォーブール・モンマルトル街)が、ナナたち街娼にとっての「仕事場」であり、オペラ座やヴァリエテ座、ブールヴァール・デ・ジタリアンに並ぶ有名なカフェやレストラン(カフェ・リッシュ、トルトーニ、メゾン・ドレ)で夜遅くまで遊んでいた遊蕩《ゆうとう》児や観光客が主なるターゲットであった。

だが、こうした盛り場が賑《にぎ》わうのは、オペラ座やヴァリエテ座の撥《は》ねる夜の十一時過ぎまでで、その後、人通りはにわかに疎らになる。

「十一時頃まで二人は、人群れの中に揉《も》まれながら、時折りスカートの裾を踵《かかと》でふみつける頓馬《とんま》な男たちの背中に、《とんちき!》などと声をかけたりして、はしゃいでいた。カフェのボーイたちと狎《な》れ狎れしく軽い会釈を交わし、テーブルの前に足をとめて話しこみ、腰をかけられるのがさも嬉しそうに、出された飲み物をゆっくり飲みながら、劇場のはねるのを待つのであった。だが、夜が更けるにつれて、ラ・ロシュフコー街へまだ一二回しか往復していないような時には、二人は次第にげすな淫売婦《いんばいふ》となり下がって、客をくわえこもうとやっきとなるのだった。人通りもまばらになってとっぷり暮れた大通りの並木の陰で、客とのえげつない取引が行われ、きわどい言葉が交わされ、はては喧嘩《けんか》口論さえ行われた」

こうなってくると、「茶を挽く」恐怖に襲われるから、また「歩け、歩け」ということになる。グラン・ブールヴァールを東に進み、ジムナーズ座のあるブールヴァール・ボンヌ・ヌヴェルまで行ってから引き返し、今度は、ねぐらのあるブレダ街へと通じるフォーブール・モンマルトルの辺りで客を探すのが常だった。

「オペラ座からジムナーズ座までの間を十ぺんも往復した挙句、男たちがふり切って、いよいよ濃くなってゆく闇の中に立去って行くと、ナナとサタンは、フォーブール・モンマルトル街の歩道でねばった。ここでは、二時頃まで、レストランやビヤホールや食べ物屋などがあかあかと灯をつけ、カフェの入口に女たちの群れが頑張っていた。ここは、夜のパリで、最後まで灯をともして活動している地域で、一夜の歓楽のために開かれている市場だった。この通りの端から端まで、まるであけっぴろげの女郎屋の廊下のように、人中で露骨に、肉の取引が行われていた。そして、お茶を引いて帰る夜なぞは、女同士の間で喧嘩が始まるのだった」

現在、ここに描かれたフォーブール・モンマルトルは、昼はもちろん、夜になっても、とくに娼婦が出没するということもないただの寂れた通りである。カフェもレストランも野暮臭く、薄汚れているだけだ。ただ、一つだけ、往時の賑わいの名残《なごり》ではないかと思わせるものがある。二つ星ないしは三つ星のホテルが非常に多いことである。おそらく、かつては、ナナやサタンなどの街娼が運よくつかまえた客を伴って利用した同伴ホテルが、時代の移り変わりとともに、業態を少し変えて、格安パックツアー用の観光ホテルにくら替えしたものと思われる。ただし、こうしたホテルは、バス・トイレが完備されていないので、日本人観光客には敬遠されている。滞在しているのは、あまりアメニティにはこだわらない南欧あるいは東欧からの観光客である。

それはさておき、この最後の漁場であるフォーブール・モンマルトル界隈で客がつかなかった場合はどうなるのだろうか？

「ノートル＝ダム・ド・ロレット通りは、黒々と人気もなく続いて、そこを女たちの影が三々五々帰って行った。この界隈の女たちの遅い御帰館なのだ。商売にあぶれたのに業を煮やした哀れな女たちは、フォンテーヌ街やブレダ街の角でつかまえた帰り遅れた酔いどれたちにからんでは、いつまでも嗄《しゃが》れ声で言い争っていた」

では、運よく客がついたときはハッピーに終わるかといえば、必ずしもそうはいかなかったようだ。というのも、夜遅くまで粘っているような客にはアブノーマルなのが多く、死の危険が付きまとったからだ。サタンはそうしたアブノーマルな客と遭遇することが少なくなかった。

「だが、ポケットに勲章をかくしてやって来る立派な紳士から、何枚ものルイ金貨をまき上げるようなぼろい儲《もう》けも時折りはあった。殊にサタンは鼻がきいた。(中略) 一番身なりのいい男たちを待ち設け、彼らの艶《つや》のない目にその気持を読みとるのだった。まるで、狂った肉欲が街を歩いているかのようであった。サタンはやはり少々怕かった。何故なら、この上ない立派な紳士が、この上なく汚らわしいからだった。鍍金《めっき》がはげて、野獣の正体をむき出しに、とんでもない好みを強要し、あくどさの限りを尽すのだった」

自由が欲しくてメゾン・クローズから逃げ出した「籠の鳥」が自由と引き換えに手にしたのは、徒労と命の危険というつらい代償だったようである。

盛り場と私娼（パレ・ロワイヤル）

私娼の本質は「歩く」ことだと言った。だが、ただ「歩いている」だけでは客はつかまらない。客の多い場所、すなわち盛り場を歩かなくてはならない。では、私娼はパリのどんな盛り場に出没したかといえば、かなりの多様性を持っていて、一概にはくくることはできない。時代により、また時間帯により、その出没する地域は異なるからである。

だが、どの時代についても確実にいえるのは、その時代に覇権を確立した盛り場においては私娼が出没する頻度は異常に高かったということである。いいかえれば、盛り場の歴史はそのまま私娼の歴史であり、二つはかならずリンクしているのである。前章では、グラン・ブールヴァールについて触れたが、少し時間を遡って、一九世紀前半の盛り場の覇者だったパレ・ロワイヤルを取り上げてみよう。

近代初の人工的な盛り場といえるパレ・ロワイヤルは、私娼の研究の出発点となる場所だからである。

ルーヴル宮殿と、ちょうど直角に交差する軸の上にあるパレ・ロワイヤルはルイ十三世の宰相リシュリュー枢機卿が広大な庭園を含む邸宅を建築家ルメルシエに建てさせたことに始まる。したがって、当初は、パレ・ロワイヤル（王宮）ではなく、パレ・カルディナル（枢機卿の宮殿）と呼ばれていた。

それがパレ・ロワイヤルと呼ばれるようになったのは、リシュリューが一六四二年の死に際して、邸宅を王家に遺贈したがためである。

以後、宮殿は、ブルボン王家の所有となったが、親政を開始したルイ十四世がヴェルサイユに新宮殿を建設し、完成と同時に首都も移した結果、パレ・ロワイヤルは弟のオルレアン公の所領となり、オルレアン家代々の当主がここに住むこととなった。

というわけで、およそ、私娼が出没するような要素はゼロだったのだが、一七八一年にオルレアン家五代目当主となったフィリップ・ドルレアン（いわゆるフィリップ・エガリテ）が、借金の返済に行きづまったために、元王宮が盛り場となるというスキャンダラスな事態が生まれてきたのである。

すなわち、パレ・ロワイヤルを手放すか破産かの瀬戸際に追いこまれたフィリップ・ドルレアンは、パレ・ロワイヤルの中庭に回廊式のショッピング・センターと分譲住宅を建設し、区画ごとに売り出すというアイディアを思いついたのである。

フィリップ・ドルレアンは、テンプル騎士団跡地のタンプル地区の一角に開業したアルカード式（拱廊《きょうろう》）の商業施設「ロトンド・デュ・タンプル」が、雨天にさらされずに買い物ができるということで大賑わいとなったことにヒントを得たのかもしれない。

こうして一七八四年に開業した「パレ・ロワイヤル商店街」はたちまち大人気を呼び、パリ中から（いやヨーロッパ中から）続々と人がつめかけ、あっというまに、パリ随一の盛り場として君臨するに至った。

気をよくしたフィリップ・ドルレアンは、二年後さらなる店舗拡大を目論《もくろ》み、庭園の南側の外れに、モンパンシエ回廊とヴァロワ回廊を結ぶ第四の回廊を設けることにしたが、資金難と時間不足から完成したのは土台と床にとどまった。だが、押し寄せる群衆を他に逃す手はないので、石造ではない、木造の仮建築を建てることにして、ロマン某に開発権を与えた。

こうして急ごしらえで造られたのが「木（ボワ）の回廊」という意味での「ギャルリ・ド・ボワ」である。ちなみに、他の三つの回廊は、石（ピエール）で出来ているため「ギャルリ・ド・ピエール」と呼ばれた。

このギャルリ・ド・ボワの賑わいについては、バルザックの『幻滅』に素晴らしい描写があるが、そこでバルザックが強調しているのは、木造の仮建築で小汚なかったためにかえって、群衆と娼婦が押し寄せて、ギャルリ・ド・ボワが「売春の殿堂」と化したという不思議な事実である。

売春の殿堂として一時代を画したパレ・ロワイヤル。夜ごと私娼たちが回廊に繰り出し、肌もあらわな格好で男たちを誘惑した。

このすさまじいバザールのポエジーは、夜の闇が降りると同時に炸裂《さくれつ》する。ありとあらゆる近くの通りから、ものすごい数の娼婦たちがやってきて、ここでショバ代を払うことなくうろつき始める。つまり、パリのあらゆる地点から娼婦たちの軍団が、『パレ』をしにやってくるのだ。パレ・ロワイヤルの三つの回廊であるギャルリ・ド・ピエールの方は、金を払って特権を得ている娼館の領分で、これらの店は、アルカードからこのアルカードまで、あるいは庭園のこの区画というように、プリンセスのように着飾った娼婦たちを通行人の目にさらす権利を買い取っている。

いっぽう、ギャルリ・ド・ボワのほうは、売春にとっての公共広場のようなものである。とりわけ、『パレ』はそうだった。この時代、『パレ』とは売春の殿堂を意味していたのである。女はそこにやってきて、獲物を引っ掻け、どこでも好きなところへ連れて行くことができた。そのため、夜になると、ギャルリ・ド・ボワには、こうした女たちに引き寄せられてくる男たちの数はすさまじく、人はそこで、行列か仮面舞踏会にでも参加したように、そろそろと歩かねばならないほどだった。といっても、こうした牛歩行進でだれが迷惑するというわけでもなく、女たちの品定めをするにはかえって好都合だった。その女たちの格好たるや、今日ではもうお目にかかれないものので、デコルテは背中まで届き、前の抉《えぐ》りもまた同じように下のほうまで行っていた。

男どもの視線を引き付けるためか、髪のスタイルもとんでもないものが発明され、ある女はガチョウ風、またある女はスペイン風に髪を結っているかと思えば、別の女はムク犬のように髪にカールをかけ、また別の女は真ん中からなめらかな髪を分けていた。女たちはきつい白靴下をはいてはいるが、どうやるのか、うまくチラリと人目にさらし、そのくせ、下品に堕することがない。

いずれにしろ、こうした猥《みだ》らなポエジーも、いまとなっては遠い昔のことである。女と男のやり取りの猥褻さ、場所柄にいかにも似つかわしいこうした大っぴらな露骨さは、こんにち各所で開かれている仮面舞踏会でも有名なダンスホールでももはや見いだすことはできないのである。それはひどいものだったが、なんとも陽気なものだった。女たちの肩と乳房のまぶしいばかりの白い肉が、たいていは黒ずんだ男たちの衣服の真ん中で照り輝き、これ以上はないほど見事な対照をなしていた。男女のさんざめく声と歩き回る足音が一つのつぶやきのようなものになり、庭園の真ん中にまで届いていた。それは、娼婦たちの弾けるような笑い声とごくたまに聞こえる口論の叫び声からなる連続的な低音のようであった。きちんとした身なりの人や有名人が、ここでは、いかにも悪党面をした男たちとひじつきあわせていた。この怪物じみた集合体にはいわくいいがたい刺激的なものがあり、どれほど鈍感な人でも心を動かさずにはいられなかった。だからこそ、パリ中の人たちが最後の最後までここに足を運んだのである。建築家が地下の工事をするために渡した板の上を群衆は散歩した。そして、この汚らしい板囲いがすべて撤去されたとき、だれもがみな声を大にして哀惜の念を口にしたのである。

長々と引用したのは、ほかでもない、バルザックの描写には、盛り場と私娼とがおりなす弁証法のダイナミズムが余すところなく語られているからである。

第一にいえることは、私娼も群衆もきっちりと整備された清潔な盛り場には寄ってこないということである。ギャルリ・ド・ボワが一八二八年に解体されたあと、石造りの美しく豪華なギャルリ・ド・ルレアンが造られたが、このパサージュには、群衆も私娼も寄り付きはしなかった。水清ければ魚住まずの伝である。つまり、盛り場が繁盛するには、群衆や私娼をリラックスさせるように一種の「汚れ」がなくてはならないということである。ギャルリ・ド・ボワは木造ゆえに小汚さがあったために、群衆と私娼が安心して押し寄せることができたのである。

では、群衆と私娼は一つのセットだとしても、いったいどちらが「先」なのだろうか？群衆がいるから私娼が集まってくるのか、それとも私娼を目当てに群衆がやってくるのか？

卵とニワトリの例と同じく、そのどちらでもあるのだろうが、一つだけ確実なのは、この二つの要素は独立して存在することはなく、どちらが欠けても、盛り場は衰退するという原則である。すなわち、群衆がいなくなれば私娼は消えるし、私娼が出没しなくなると群衆も消えてしまうということだ。

この事実の紛れもない証拠が、王政復古でパレ・ロワイヤルの当主としてカムバックしたばかりか、一八三〇年の七月革命で「フランス国民の王」として君臨するに至ったルイ・フィリップが一八三一年に打ち出した娼婦追放命令である。ルイ・フィリップは自分の所有するパレ・ロワイヤルが「売春の殿堂」と化していることに怒りを感じ、パレ・ロワイヤルから私娼・公娼を問わず、娼婦を完全に締め出すことにしたが、その結果、群衆はまるで潮が引いたようにパレ・ロワイヤルから遠ざかってしまったのである。

そのときのパレ・ロワイヤルの凋落《ちょうらく》ぶりというのはまさに劇的というほかはなく、風俗観察家は、群衆と私娼の結び付きがかくも密接であったことを改めて思い知らされたのである。

では、パレ・ロワイヤルから締め出された娼婦たちはいったいどこに河岸《かし》を移したのかといえば、すでに指摘したように王政復古期の末から急速に盛り場として台頭してきたグラン・ブールヴァール、なかんずく、ブールヴァール・デ・ジタリアンとブールヴァール・モンマルトルであった。

この二つのブールヴァールは、一八二一年の夏に急遽《きゅうきょ》設けられたル・ペルティエ通りのオペラ座、老舗《しにせ》の劇場ヴァリエテ座、それにカフェ・ド・パリ、カフェ・リッシュ、メゾン・ドレ、トルトーニなどの有名なカフェやレストランが立ち並んでいたところから、王政復古期の末頃からにわかに盛り場としての脚光を浴びるようになっていたが、それだけでは、私娼と群衆が殺到する要件を満たしたことにはならない。この二つが弁証法のダイナミズムを獲得するには、私が「閉じられた空間の開放性」と呼ぶ、室内空間でありながら室外空間でもあるというようなボーダー・ゾーンに属する商業施設を必要とする。パレ・ロワイヤル、とりわけ、ギャルリ・ド・ボワはこの要件にぴったりだったため、私娼と群衆がどこからともなく集まってきてそぞろ歩きを決め込んだわけだが、では、グラン・ブールヴァールには、こうした「閉じられた空間の開放性」を持ったトポスがあったのだろうか？

それがあったのである。パサージュ（正式にはパサージュ・クヴェール）と呼ばれるガラス屋根つきの通り抜け道である。七月王政から第二帝政にかけては、グラン・ブールヴァール周辺のパサージュが、私娼と群衆が出会うためのトポスとなっていたのである。

私娼たちの聖地（パサージュ）

パレ・ロワイヤルを追われた私娼たちが、再結集の地点として選んだのは、グラン・ブールヴァール、とりわけ、ブールヴァール・デ・ジタリアンとブールヴァール・モンマルトルだったが、彼女たちは、こうした大通りの盛り場になんの工夫もなくただ突っ立っていたわけではない。客を引き付けるには、衣装や化粧にそれなりの創意を凝らし、「商品」としての自分を引き立たせると同時に、上玉の客に最も効率よく「声をかけられる」ような場所を選ばなければならなかったのだ。

熟慮の結果、私娼たちが「売春の聖地」として選定したのが、ブールヴァール・モンマルトルのパサージュ・デ・パノラマ（一八〇〇年開通）とその延長として一八四七年に造られたパサージュ・ジュフロワ、およびパサージュ・ヴェルドーである。なかでも、小ぎれいなブティックが多かったパサージュ・ジュフロワは私娼たちに好まれたようだ。

第二回パリ万博が開催された一八六七年に、「夜のパリ案内」として出版されたアルフレッド・デルヴォーの『パリの快楽』には、こんなことが書かれている。

「ブールヴァールの常連の女たち、あるいは少なくとも常連の女たちの大半は、ブレダ・ストリートという愛の島の高台から下ってくる途中に、このパサージュを通過するのを常としている。そして、彼女たちはその戦闘的な化粧法において、かくも挑発的であるため、流しの商売を行うこれらの女たちの歩く後ろには、彼女たちをできる限り近くから眺めようと試み、彼女たちと名刺交換にひとしい視線の交換を行おうと必死に努力する鼻下長族がひしめきあいながら付いてくるのである」

ブレダ・ストリートというのは、モンマルトルの丘からピガール広場を通って、ノートル＝ダム・ド・ロレット教会の方に降りてくる途中にあり、十九世紀の中頃に、この教会の裏手の界隈《かいわい》が再開発されたときに造られた、ブレダ通り（現在はアンリ・モニエ通り）のことである。

再開発されたばかりなので、当然、真新しい建物が並んでいたが、なぜか、大金持ちに囲われている妾《めかけ》や私娼たちが多く住んでいた。一説によると、出来たばかりの建物は大地に染み込んだ瘴気《しょうき》が壁を伝わって出てくるとして嫌われ、借り手がなかなか付かなかったため、大家が、建物の湿度が落ち着くまでのあいだ、いわば「湿気取り」としてお妾さんや私娼に貸していたといわれている。

それはともかく、このノートル＝ダム・ド・ロレット界隈の通りはブレダ通りに限らず、どこも妾や私娼たちが多かったため、換喩《かんゆ》の法則により、こうした女たちには、その住居である界隈にちなんで「ロレット」という名称が献上され、以後、ロレットといえば、妾や私娼の代名詞となったのである。

さて、話をパサージュに戻すと、こうしたブレダ通りに住むロレットたちが、ノートル＝ダム・ド・ロレット通りを下ってきて、その続きであるフォーブール・モンマルトル通りに入ると、そこに口を開いていたのがパサージュ・ヴェルドーと、その続きであるパサージュ・ジュフロワであった。

つまり、ブレダ通りのロレットたちにとって、この二つのパサージュは、主戦場たるグラン・ブールヴァールに至る中継点であり、ちょうど、銀座七丁目につとめるホステスが、出勤前に西銀座デパートのカフェで一休みするように、パサージュ・ヴェルドーかパサージュ・ジュフロワのカフェやレストランに入って「戦闘態勢」を整えるのを常としていたのだ。

もちろん、ロレットたちは、パサージュ・ジュフロワでただ「戦闘態勢」を整えてばかりいたわけではない。すでに、ここを主戦場に選んで、戦闘を開始しているものもいた。というのも、パサージュには、ショー・ウィンドーを眺めたり、本屋の店先で立ち読みしたりして何の目的もなく時を過ごすフラヌール（散策者）と呼ばれる暇人がたくさんいたばかりか、商品よりも娼婦たちを選ぶことを主目的とする男たちが少なくなかったからである。

こうした男たちは、女の跡をつける男という意味で「シュイヴール」と呼ばれたが、彼らシュイヴールにとっての醍醐味《だいごみ》は、プロフェッショナルな私娼ではなく、バルザックのいう「商品の歌」に釣られてウィンドー・ショッピングにやってきた貧乏なお針子や女中、あるいは人妻に声をかけて情事に誘うこと、つまりナンパであった。先に引用したアルフレッド・デルヴォーの『パリの快楽』には、パサージュ・ジュフロワではなく、その延長上にあるパサージュ・デ・パノラマがこうしたナンパ師の漁場であったとする記述がある。

「このパサージュには、カップルのほかに、いわゆるナンパ師《シュイヴール》と呼ばれる独身者がかなりの数いる。これらのナンパ師は、若いこともあれば、年とった場合もあるが、どちらかといえば年寄りの方が多い。彼らはこんなところで知り合いにあって声をかけられることをなによりも恐れている。そのため、できるものなら付け鼻でも付けたいところだろうが、それもかなわぬので、サン・グラスをかけて正体を隠そうとしている。彼らの眼は、仕事帰りにこのパサージュを通る女子工員を見つけると、とたんに怪しく光り始めるが、サン・グラスはその光を隠すのに役立っているのだ」

こうした「情報」はネット時代でなくとも口コミですぐに広まる。すなわち、グラン・ブールヴァール周辺のパサージュに行くと、ナンパ師がたくさんいて、ショー・ウィンドーの前をウロウロしていると必ず声をかけてきて「援助交際」を持ちかけるという噂が立つと、それを利用して小遣い稼ぎをしてやろうという大胆な素人娘が出てくるのである。

娘たちは、最初、その気がなくとも、何度か戯れているうちに、ナンパされて、いくばくかの小遣いを貰《もら》うことが当たり前になり、やがて立派な私娼に育っていくのである。

この堕落の過程を見事に描いたのが、エミール・ゾラの『居酒屋』である。

洗濯女ジェルヴェーズとブリキ職人クーポーの娘ナナは、十五歳のときから父親の姉であるマダム・ルラの監督のもとで造花女工となるが、すぐにそのアトリエの前をうろつく五十がらみの紳士につけまわされるようになる。

「最初、ひと月のあいだ、ナナはその老人をまるで馬鹿にしていた。たえず娘の周囲をつけまわしている彼の姿は、見ものだった。まったくのイカレ男だ。人ごみのなかだと何くわぬ顔をして、彼女のスカートのお尻にさわる。（中略）まったく！　なんて老いぼれだろう！　おまけにとっても嫌らしい目つきをして！　そうしているうちに、しょっちゅう老人に出くわすので、そうおかしいとも思わなくなった。なんだか怖いような気持なのである。もしそばに寄ってこられたら叫び声を上げたかもしれない」（『居酒屋』古賀照一訳　新潮文庫）

だが、これほど、シュイヴールの老人を気持ち悪がっていたナナだが、そのうちに、老人から何度も声をかけられ、欲しいものがあったら何なりと買ってやると言われると、なんとなくその気になってしまうのである。

「ときたま、宝石店の前で立ち止まっていると、いきなりうしろから彼がいろいろなことナナは首に吊すビロードのついた十字架形の飾りとか、血の滴りかと思うほど小さなかわいい珊瑚《さんご》の耳輪が欲しくてたまらなかった。それに宝石までは望まなくても、襤褸《ぼろ》服の着を彼女に口ごもりながら話しかけることがある。たしかに、彼の言うことは嘘じゃない。

通しなんて、とても我慢できない」

このように、ナナのような貧困階級の娘たちが売春の罠にかかるのは、ほとんどの場合、奢侈《しゃし》への憧れ、贅沢《ぜいたく》な暮らしへの願望なのである。したがって、消費経済が進み、きらびやかな商品が多くの娘たちの眼にさらされるようになるに従って、「援助交際」の機会は増え、私娼の数も漸増してくるのである。

そのあたりの心理をゾラは巧みに描いている。

「彼女は泥濘《ぬかるみ》のなかを歩いたり、馬車に撥《は》ねをかけられたり、ショー・ウィンドーの輝きに目も眩《くら》むような思いがすると、ひどい空腹感に襲われたときのような、胃袋にきりきり切りこむ欲望を感じた。いい身なりもしたいし、ちゃんとしたレストランで食事をとってもみたい。芝居にも行きたいし、立派な家具つきの自分の部屋にも住んでもみたい。彼女は欲望のあまり血の気も失せて立ち止まっていた。パリの舗道から熱気が、歩道の雑踏のなかで彼女の心をあおりたてるさまざまな享楽にむしゃぶりついてゆきたいという激しい渇望が、太腿《ふともも》を伝って噴きのぼってくるのを、ナナは感じていた。(中略)例の老人がそっと彼女の耳もとにさまざまな話をもちかけてきてくれたからだ」

それでも、ナナはすれてはいたけれど、男というものをまだ知らなかったので、恐怖の方が先に立ち、決定的な一歩を踏み出すことができなかった。だが、ある土曜日の晩、ナナが家に帰ると、アルコール中毒の父と母がふたりとも飲んだくれて腑抜《ふぬ》けのようになっていた。その部屋を見つめていたナナは、ついにルビコンを渡ってしまう。

「彼女は帽子もとらずに、部屋をひとまわりした。それから歯をくいしばって、ドアをまたあけると、出ていった」

こうしてナナは十五歳にして私娼の道をまっしぐらに進んでいくのである。

では、家出して、街路を住《す》み処《か》とするようになってナナは、いったいどんなところで私娼稼業を続けていたのだろうか？

そのことも、さすがに調べ魔だったゾラだけに、ちゃんと『居酒屋』には書いてある。

「ほかの連中は、ナナがその後、ラ・シャペル街の《グラン・サロン・ド・ラ・フォリー》で、馬鹿踊りをしているのを見かけたと断言した」

《グラン・サロン・ド・ラ・フォリー》というのは、モンマルトルの裾野に点在していた大衆的ダンスホールの一つで、ナナのような地回りの私娼は、こうしたダンスホールで派手なダンスを披露しながら、パトロンになってくれるような男を「募集」していたのだ。

十一月のある夜、ジェルヴェーズとクーポーは、《グラン・サロン・ド・ラ・フォリー》に入るが、踊り狂っている一団の中にナナの姿を認める。ナナは薄汚れた絹のドレスで、上体にはショールもかけずに、激しい踊りに身を任せている。クーポーは、「あの淫売《いんばい》め」とどなりながら、人垣をかきわけながらナナを取り押さえに行こうとする。

「ナナが身をくねらせて踊る姿は、じつに見ものだった！　尻を左右に振り動かしたり、体が二つ折りになるほど深く屈《かが》んだり、股が張り裂けそうなくらい相手の顔へ爪先を高く蹴りあげた！　人々は輪をなしてとり巻き、彼女へさかんに喝采《かっさい》を送った」

ようするに、ナナは、ロートレックの「ムーラン・ルージュ」のポスターに描かれたラ・グリュのようなカドリーユ・ナチュラリスト（いわゆるフレンチ・カンカン）を踊っていたわけなのだが、じつは、こうしたフレンチ・カンカンは、ナナのような元気のいい私娼が自分を最も高く売り付けるために考案したパフォーマンスにほかならず、「ムーラン・ルージュ」のポスターに黒いシルエットで描かれた鼻下長紳士たちは、そのパフォーマンスの観客であると同時に、肉体のバイヤーでもあったのだ。

ナナはクーポーに家に連れ戻されるが再び家出して、やがて、モンマルトル界隈のダンスホールでダンス・クイーンとして君臨するようになる。

「ナナは近所のダンスホールというダンスホールを湧き立たせていた。《レーヌ・ブランシュ》から《グラン・サロン・ド・ラ・フォリー》に至るまで、だれひとり彼女を知らぬものはなかった。（中略）ナナの生活にも景気のいいとき、わるいときがあって、まるで魔法の杖をひと振りしたように、粋に着飾っているかと思うと、おさんどんのように泥まみれのときもあった。まったく、この娘は結構な生活を送っていたのだ！」

こうして、『居酒屋』は、必然的に『ナナ』の世界へと発展してゆくことになる。ルイ・シュヴァリエが『歓楽と犯罪のモンマルトル』で述懐したように、「ゾラの中には（売春の）すべてがある」のだ。

ハンカチ屋と娼婦

パサージュが私娼の売春の温床となったのは、ウィンドー・ショッピングをしているふりをしていれば、だれに咎《とが》められることもなく客を（あるいは逆に娼婦を）物色することができるからである。

ところで、客引きが、こうした個人営業に任されるようになると、娼婦の側としては、メゾン・クローズやメゾン・ド・ランデヴーのような管理売春と違って、それなりに創意工夫を凝らした営業努力というものをしなければならなくなる。つまり、客の目を引きやすいような格好をする必要が出てくるわけである。

アラン・コルバンに言わせると、こうした娼婦のショー・アップ化の努力は、パサージュやデパートなどのショー・ウィンドーの出現と軌を一にしているという。

「十九世紀後半の都市においては、それ以前には考えられないほど多くの新しいものが登場する。客を引きつけるため、商品の展示、陳列が盛んに行なわれるようになるが、このやり方は売春という商売にもとり入れられ、先ほど見た娼婦の変化にも一役買った。デパートのショーウィンドーはまさしく物を見せびらかすためのものであった。『パリはごちそうが目の前にさし出されている町』となったのである。そして、娼婦も自分の姿を人に見せての売り込みを始める。（中略）要するに、誘いをかけるには視覚に訴えるのが最も効果的とされたのである」（『娼婦』杉村和子監訳）

このように、「視覚に訴える」ために創意工夫を凝らした私娼たちが、パサージュやきれいになった歩道をこれみよがしに闊歩《かっぽ》するようになると、そのきらびやかな装束や化粧に刺激を受けたのは、鼻下長族ばかりとは限らなかった。同性たる女たち、とりわけ、娼婦たちに日常的に接するパサージュのブティックやデパートの女店員、仕立て屋のお針子たちもおおいなる憧れを抱くようになるのである。コルバンは続けてこう指摘している。

「店に来る女の客のように美しくなろうと努力している多くの売り子たちにとって、結婚は将来を左右する重大な出来事であった。出世してまともな階層に移れるか、それとも、良い家の奥様になる望みを永久に断たれるか、ひとえに相手の男次第である。店の棚のかげでつつましく行なわれる結婚は、従って、ほとんど見られなくなる。（中略）結婚とは全く反対に、金持ちの妾になって、そのあと娼婦への道をたどることも、売り子嬢たちの野心をかなえる手段の一つであった。友だちの大部分に情人がいる場合はなおさら、そういう道に心が動かされた。そのようにでもしなければ、これら『貴婦人きどり』の娘たちには、きれいな服や靴を身につけること、つまりブルジョワの奥様風のかっこうをすることなど、できるはずはなかったであろう。今や、商店に女の売り子の姿が見えれば、ブルジョワ階級の旦那衆から話がもちかけられるほどであった。したがって、男に囲われる女にとって、婦人ファッション店の店主という肩書きは、しばしば売春業の『看板』の役割を果たした。売り子たちに金で売買する恋が広まっていったので誘惑行為も大いに増えたのである」

では、こうした「そうとは見えない売春施設」には、具体的にどのようなものがあったのだろうか？

コルバンは、この点について次のような店舗を挙げている。

「すでに十九世紀初、パレ＝ロワイヤルの下着・洋装店のマダムたちによってそこは売春の温床になっていた。このやり方はその後大々的に発展する。一八七〇年から一八八〇年の間、売春斡旋《あっせん》を専門にしていたのは主として手袋店、紳士洋品店、煙草《たばこ》店であった。十九世紀末になると、それらの店だけに留まらなかった。手袋店は警察からとくに眼をつけられ、ヴィルメートルは『時代遅れ』と書いてはいるが、その後にわたり手袋店はこの道の玄人《くろうと》であった」

この手袋店や紳士洋品店が売春の温床という指摘は、売春関係資料を探ると思いのほか多く見つかるのであるが、しかし、実際に、そうした場所で「隠れ娼婦」とことに及んだという証言となると、売春の宝庫である自然主義文学を渉猟してもなかなか見つからない。

ところが、美川徳之助の『パリの穴　東京の穴』(第二書房)を読んでいたら、幸いなことに、こんなお誂《あつら》え向きの証言にぶち当たった。

「マダム・手巾(ムッショワ)とは、ある手巾(ハンカチ)屋の女主人のことである。その手巾(ハンカチ)屋はブルバール・イタリアンの有名なろう人形館の近くのパッセージ(抜け道)の中の右側にあった」

美川徳之助のフランス語の発音はかなりいい加減なので、あらかじめ訂正を加えておくと、彼が「手巾(ムッショワ)」と書いているのは、正確にはフランス語のムショワール(ハンカチ)のことで、またグレヴァン蠟《ろう》人形館の近くの「パッセージ」というのは、パサージュ・ジュフロワのことだろう。ただし、パサージュ・ジュフロワがあるのは、ブールヴァール・デ・ジタリアンではなく、ブールヴァール・モンマルトルである。

美川徳之助は悪友のSに話を聞かされていたので、さわやかな秋の午後、グラン・ブールヴァールを散策したついでにこのハンカチ店にたちよってみることにした。

「間口四、五メートルの小さな店で、かわいいウィンドウには色とりどりの美しい手巾が手際よく並べられてある。入口のガラス戸を押してはいると、せまい店内のガラスケースにもレースや刺繡《ししゅう》で飾った婦人用の手巾が奇麗に折り畳んである」

私は、パサージュ・ジュフロワについてはよく知っているので、場所についてはだいたたいの見当はつく。今日、万年筆専門店「セナック」がある三十番地か、あるいはステッキ専門店「スガ」のある三十四番地だろう。美川徳之助がパリにいた一九二〇年代の前半には、ここにハンカチ専門店があったのである。

「そろそろ四十に手のとどこうかという女盛りの、小柄で小ぶとり、色の白い色気百パーセントのマダムがたったひとりで店番をしていたが、私がはいって行くと、ニコニコあいそ笑いをしながら立ち上がって『ムッシュウ、何をお望みでしょうか？』と尋ねた。あらかじめSから、どう切りだせばいいかを聞いていたので『男子用のスペシャルの手巾が欲しいんだけど……』と答えると、ニタリと肉感的な笑みを浮かべて『では、どうぞお二階へ……』とカーテンをまくって、せまい二階への階段の入口を示してくれた」

美川が階段を上がりかけて、ふと振り向くと、マダムは、入口のガラス戸へ内側からカーテンを下ろし、カギをかけている。「特別の客」への「特別のサービス」のために、臨時に店を閉めたのである。

二階の部屋は狭いながらも、いかにも女の部屋らしく、小綺麗《こぎれい》に、かわいらしく飾られていた。美川は長椅子に腰掛けて待ったが、やがてマダムがニコニコしながら階段を上ってきて、「よいお天気ですこと」などと声をかけ、「どうぞお楽に、そこへお休みになってください」と言いながら、化粧台の前に腰を下ろした。

「手早くスカートを脱ぎ、白いサテンのブラウスを脱ぐと、それをイスの背へかけ、薄ピンク色のシュミーズ一枚の艶《なま》めかしい姿で長イスのほうへ寄ってきて、クッションを枕にあおむけに寝ている私のひざの辺りへ、肉づきのいい太ももを押しつけるようにして腰を下ろした」

では、いよいよ、くんずほぐれつの展開になるのかと思いきや、マダムは、美川が所望した通りの「スペシャル」のサービスを始めたのである。

「それからあとは無言の行、『目は口ほどにものをいい』というたとえがあるが、その口を使いようでは、しゃべったり、食べたり、飲んだりする以外の役にたたせることができるのをたいがいのパリジェンヌは心得ている。どこでどうおぼえたのか、このマダムなどはまさに神技ともいえるほどのすばらしい口技を三十分あまりにわたって施してくれ、窓から洩れて来るグランブルバールのかすかな騒音もいつしか遠のいて、柔らかい秋のひざしの中で、私を羽化登仙《うかとうせん》の境地に導いてくれたものである。

時刻も時刻、場所も場所、マダムの年ごろ、パリジェンヌならではのテクニック、まさに『昼下がりの情事』の見本みたいなものであった」

こうして、美川は大満足したのであったが、いっぽう、マダムはというと、彼の局部を大きな特製のハンカチでていねいに掃除しながら「満足なさって？」とニッコリした後、やおら立ち上がると、なんとも不可解極まる行為に出たのである。

「洗面台の下に張ってあるカーテンの蔭《かげ》からビデを取りだすと、その中へコップに何杯かの水を満たし、シュミーズのすそをまくると、その台の上にまたがってチャプチャプやりだしたのである。使ったほうの代用品はそのままに使わなかったほうの本物を洗っている――とはこれいかに？」

美川は呆《あき》れ果てて眺めていたが、後から激しく後悔することになる。

「あの時『なぜ（ポルコワ）』と一言尋ねてみさえすれば、疑念氷解したであろうに残念に思う」

これは、私の勝手な想像だが、マダムは習慣に従って、ついうっかりとビデを使ってしまったのではないか？　つまり、日本人の美川はスペシャル・サービスだけで昇天し、敢えて二ラウンドには挑まなかったが、性に関して貪欲《どんよく》なフランス人の客は、スペシャルだけでは昇天せず（あるいは昇天してもなお）、本番に臨むのが常なので、マダムはいつもの癖でビデを使用してしまったのではなかろうか？　あるいは、フランス人の客なら、口による相互サービスをするはずなので、唾液《だえき》を除去するためにマダムはビデを使う習慣があったのだろう。いずれにしても、日本人はアッサリしている分、「良い客」なのである。

しからば、この「スペシャルな」手巾の値段はどうだったかというと、次の通り。

「料金は無料であった、といっていばるわけにはいかない。そのかわり階下に降りてケースの中から取りだされた特製のハンカチの一ダース箱入りを、市価より相当高いお値段で売りつけられたのである。つまり羽化登仙料はハンカチ代に含まれているわけである。マダムも私もいまの『昼下がりの情事』はハンカチでお互いに口をぬぐって――というわけなのかも知れない。まことにパリジェンヌらしい心憎いしぎ、太田道灌《おおたどうかん》のやまぶき一枝の故事さえ思いだされて、キイ・ポイントが口だからというわけではないが、まことに後味のよい思い出を残されたのであった」

フランス人がほとんど証言らしき証言を残していない中、これはまことに貴重な証言だといわざるをえない。

パリの売春を知るには、日本人の、とりわけ、戦前の日本人の回想は、ある意味、思いもかけぬ宝庫なのであった。

II

日本人が探訪した魑魅魍魎の世界

パリの娼婦にかんするエキスパートである美川徳之助の証言によると、彼がパリに遊学していた一九二〇年代は、プール（雌鶏）と呼ばれる私娼の黄金時代で、グラン・ブールヴァールやモンマルトルには、それこそ、押すな押すなというくらいに私娼が蝟集《いしゅう》していたという。プールというのは、コツコツと餌をあさる姿が雌鶏に似ているというところから付けられた卑語だそうである。

「若いころの話だが、パリの目抜きの大通りグランブルバールを歩くと、それこそ十歩にしてプール、二十歩にしてプールといったぐあいに、応接にいとまがないほどのプールに出会ったものだ。（中略）

ある秋のそぞろ歩きに、マドレン寺院をふりだしに、ぶらぶら歩きながら出会ったプールをかぞえたら三百八十何人かであったので驚いたことがある。オペラ中心の、銀座でいえば、三丁目、四丁目といった目抜きの場所は、なりも顔も自信のある高級なのが多く、中ほどのフォーブルグ・ド・モンマルトルの付近になるとやや落ちるし、それからずっと下がったあたりになると、ごく安手なプールが横行する」（美川徳之助『パリの穴　東京の穴』）

では、こうしたグラン・ブールヴァールを根城とする娼婦はどのように客を引いていたかといえば、たいていはカフェやブラスリのテラスに陣取って、自分を目立たせていたのである。

「パリ名物のあの道路にはみだしたテラスのとっぱなに陣取って、ボック（四分の一コップのビール）をちびちびなめながら、店を張っているのが多く、私のように物欲しそうな顔で歩いている男が前を通ると、ニヤッと笑ってみせたり、露骨にウィンクしてみせる。こっちがその気になれば、そのテラスに行き、そのテーブルへすわりこんで商談（?）にはいればよいわけである。

ボックの飲みしろも倹約する連中は、シャナリシャナリと歩いていて、これぞと思うカモを見つけると添ってきて、何げなしに話しかけたり、こっちがウィンドウでものぞいていると、かたわらに立って『あのネクタイはいい柄ね』などとキッカケをつくってくる」

グラン・ブールヴァールを行き来するこうしたプール（私娼）の多さに驚いたのは、なにも美川徳之助のような遊び人ばかりではない。かのマルクス経済学者・河上肇《かわかみはじめ》博士のような謹厳実直な紳士もまた、私娼の多さに刮目《かつもく》してパリ日記に書き記しているのである。

「女は総じて顔の彩色が濃い、口紅も鮮やかである。時には犬を連れて居る女もある。或いは二三の若き女の粋な風俗したるが、見も知らぬ吾等を振り向いて、ニコリと微笑を浴びせたり、ボンソアール（今晩は）などと声を掛けるのは、疑いもなく淫売婦の群れであろう。其外にも若き女の美装して独り行くは、十中の八九其類の女と見て差支あるまい。して見ると随分沢山の淫売が居る訳であるが、或いは私等の観察が間違って居るのかも知れない。併し先程から注意して居ると、同じ女が私等の前を二度も三度も行きつ戻りつして居る。矢張淫売に相違はあるまいと思う」（河上肇『祖国を顧みて』実業之日本社）

河上肇がこの観察を書き記したのは、大正三年（一九一四）のこと。美川徳之助よりも七、八年前のことだが、私娼の蝟集ぶりは同じだったようである。

ところで、こうした自家営業の私娼の中には、ひとりで流しをやっている者のほかに、二人ずつペアーを組んで客を物色している者が少なくなかった。美川徳之助は当然のようにそれに気づいている。

「どういう約束があるのか、ひとりで歩いているのより二人連れが多かった。それも同年配より年増と新造という組合わせが多く、ひどいのになると、十五、六にしか見えないような小娘とどう見ても四十すぎぐらいの女が、母娘のように組んで歩いているのもあった。親子丼で食欲を起こさせようという魂胆だろう」（『パリの穴　東京の穴』）

このペアーの私娼というのは、美川徳之助の推測のように、実際の親子というケースもたまにはあっただろうが、そのほとんどは擬装の「親子」で、客のほうも先刻それを承知で声をかけるのである。

では、なにゆえに、こうした「年増と新造という組合わせ」の擬装親子の私娼が多かったのか？

いろいろと理由が挙げられるだろうが、その最大の理由は、警察の狩り込みにあったときの対策だろう。親子とか友達と称すれば、逮捕を免れる可能性もあったからである。

もう一つは、変態性欲者などの「あぶない客」に対する防御策であろう。カップルの年増のほうは、たいていが、もう「上がり」を迎えた私娼で、その道のベテランであるから、客を見抜く能力については卓越している。そこで、「新造」のマネージャー役として付き添い、値段交渉から、客の危険度のチェックまで引き受けているのである。カップルの大半はレスビエンヌで、「親子」というよりも「夫婦」であることのほうが多い。

しかし、こうした分かりやすい理由のほかに、第三の理由というものがあった。それは、カップルの片方が、年寄り、あるいは地味系、あるいは醜女《しこめ》というマイナス要因を持っていると、それとの対比で、もう片方の娼婦が相対的に美しく見えるという「引き立て」効果が発揮されたことにある。ロートレックの描いた二人の娼婦の類《たぐ》いのデッサンを見ると、カップルの娼婦の両方が美人というケースは稀《まれ》なので、この「引き立て役」という仮説が現実味を帯びてくる。

こうした実態を観察して、それを文字通り「引き立て役」というタイトルの短編に仕立てたのがエミール・ゾラである。

「ある日突然に、彼は天の啓示を受けました。偉大な発明家にはありがちなことですが、一挙に新しいアイディアを思いついたのです。それは大通り《ブールヴァール》をそぞろ歩いていた時のことでした。デュランドーはふと、一方はきれいで、他方はみにくい二人の若い娘が目の前を通りすぎるのに気づきました。そして、みにくい娘というのは、きれいな娘を引き立てる服装みたいなものだと悟ったのです」(『初期名作集』宮下志朗編訳　ゾラ・セレクション第一巻　藤原書店)

デュランドーは、さっそくアイディアを実行に移し、みにくい女たちを雇いいれ、それを「引き立て役」としてレンタルする商売を始めるのである。

これは、おそらく、ゾラがカップルで歩く私娼たちを眺めながら思いついたアイディアで、実際にそうした商売が存在していたか否かは疑問であるが、しかし、レンタル業のあるなしにかかわらず、現実には、ゾラのいうように、グラン・ブールヴァールを流す私娼たちが、「引き立て役」然とした女友達を選んでカップルを組んでいたことは確実である。パリの私娼は相対的な効果というものを知悉《ちしつ》していたにちがいない。

ところで、美川徳之助のような私娼のエキスパートともなると、次第にゲテモノ食いの傾向が出てきて、より刺激の強い体験を味わいたい、より風変わりな娼婦と邂逅《かいこう》したいと願うようになるものらしい。とくに、そうした愛好家同士での会話に登場するような娼婦となると、一度はお手合わせを願いたくなるものらしい。

そんなゲテモノ食いの食欲を誘ったのが、モンマルトルの「アンフェール（地獄）」と「パラディ（天国）」という双子キャバレーの真ん中くらいの地点に出没していた「宝石ばあさん」である。この双子のキャバレーは、そのファサード（建物の正面）が有名で、「ムーラン・ルージュ」と並んでモンマルトルのランドマークとなっていたのだが、「宝石ばあさん」は、双子キャバレーの間の歩道にあるベンチに座って客待ちしていたらしい。歳は、なんと七十八。厚化粧で顔を「覆い隠し」、さらにその上から黒いベールをかぶっている。

「気をつけてみると、黒ずくめの衣装で、両ひざの上にきちんと置いた両の手の十本の指全部にダイヤ、サファイア、エメラルド、オパールと色とりどりの宝石でちりばめた指輪をぎっしりとはめている」（美川徳之助『パリの穴　東京の穴』）

この「宝石ばあさん」の噂はつとに日本人の好き者の間で評判になっていたから、どうやってコンタクトを取るかも知れ渡っていた。

「このばあさんが席を占めているベンチにさりげない顔をして並んで腰をおろす。ベールの下から、ばあさんの目がきらりと光る。一センチ二センチとじりじり近づいてきて、ひざとひざが接するくらいになると、五つの宝石がキラリと光って片手でこちらの手をにぎりにくる。だまってそのままにさせておくと、手を引いて立ち上がる。無言のままブルバールをクリシイ広場のほうへ」

他の人が見ると、子か孫くらいの若い男が祖母の手を引いてどこかに連れていってやる光景に見えるかもしれないが、これも立派な客引きなのである。

美川徳之助がどこの方向に進んでいくのかと見ると、ブールヴァールを横切って、モンマルトル墓地の方に行こうとするので、思わず背筋に冷たいものを感じたが、それは杞憂《きゆう》で、「宝石ばあさん」は、そのままコランクール通りの坂を上って、古いアパルトマンへと導いた。古色蒼然《そうぜん》たるアパルトマンに入ると、ばあさんは服を脱いで、ベッドに入っているように言い渡し、自分は次の間に消えた。

「七十八のばあさんでは——と読者諸賢もあやぶまれるであろうが、さにあらずなのである。

このばあさんが名物であるゆえんは、その宝石でちりばめた十指を使ってのテクニックがまことに天下一品なるがためなのである。若いときは名だたるピアニストでもあったのであろう。しなやかによく動く指、十コのさんぜんたる宝石に囲まれ、動かすたびにピカリピカリと光を放つ妖《あや》しいふんいきに包まれ、ピアノのキーならぬ私のフルートを奏でる妙なるリズム、いつしか極楽浄土へ導かれてしまうのである」

まったく、男というのは、どうしようもない生き物であると思わざるをえないが、しかし、男の快楽の原点は、自らの指であり、男によっては、女よりも、自分の指のほうがはるかに良いと主張する者もいるので、この「宝石ばあさん」の超絶名演奏を愛する男が跡をたたないのも、ある意味、うなずけるのである。

美川徳之助は最後に、「宝石ばあさん」の要求した金額を記しながら、こう結論している。

「話は現実に戻る。その指代はほんものの値段の半分だった。『手付金』だから半分でいいというわけかもわからない。しかし一度経験すれば決して高いとは思えなかった。もちろんこのばあさんもすでにあの世のものである。そしてあのたくさんの宝石がその後、どこのどういう佳人の指にはめられているのであろうかと想像すると、妙な気がする」

一九二〇年代のモンマルトルの話である。まさに魑魅魍魎《ちみもうりょう》のうごめく世界というほかない。

日本男性の欧米歓楽街案内

過日、国立国会図書館の閉架式書庫を見学する機会に恵まれ、いろいろと好奇心を発揮して蔵書を眺めてきたが、なかでもこちらの興味を引いたのが、戦前の発禁本ばかりを集めたコーナー。といっても、戦後に発足した国立国会図書館が体系的に戦前の発禁本を収集したというわけではない。

検閲を担当した内務省の書庫に収められていた発禁本は、東京大空襲で内務省が被災した際、多くが灰燼《かいじん》に帰したのだが、いかなる偶然か、空襲前に他所に移されていた書籍が存在し、それが戦後の内務省解体に伴って、国立国会図書館に収蔵されたとのことである。で、奇跡的に生きながらえたその発禁本にはいかなるものがあるのかというと、これが大きく三つのジャンルに分けられる。

一つは、マルクス主義を中心とする左翼文献、他の一つは大本教などの新興宗教関連、残るジャンルがエロものである。

われわれの関心は当然、最後のエロものということになるが、タイトルと刊行年月日に目をやっているうちに、一つの共通項があるのに気づいた。それは、欧米の歓楽街を渡り歩いた猛者《もさ》の風俗レポートの多いこと、及び、そのいずれもが昭和五年前後に集中しているという事実である。

試みに、いくつか挙げてみると、酒井潔『巴里上海歓楽郷案内』（竹酔書房　初刷・昭和五年六月二十八日）、道家齊一郎『欧米女見物』（白鳳社　初刷・昭和四年十二月一日）、島洋之助『貞操の洗濯場』（赤爐閣書房　初刷・昭和五年三月二十二日）、島洋之助『童貞の機関車』（赤爐閣書房　初刷・昭和五年九月二十八日）。

どれも、ものすごいタイトルの本たちであるが、この日付から察するに、おそらく、左翼運動の高揚を恐れた内務省当局が、昭和四年の末に検閲内容の一大方向転換を決意し、大衆の目を政治経済から風俗、いわゆるエロ・グロ・ナンセンスに向けさせるように努めたことと関係している。つまり、左翼関係の検閲を強化する反面、エロ・グロ・ナンセンスに対する検閲を大幅に緩めたのだが、その気配を察知したゲリラ的出版社が、ここぞとばかりに、欧米のエロ視察ものを出版したにちがいない。しかし、その勢いがあまりに性急だったため、ついフライングして検閲の網に引っ掛かったというわけである。

ところで、この発禁本見学から数日して届いた都内の古書店のカタログを眺めていたら、なんと、上記四冊の発禁本がリストに載っているではないか！　一番高いのは二万五千円という眼球飛出的値段がついていたが、昨今のユーロ高を勘定にいれれば、かならずしも高いとは限らない。そこで、さっそくこれを取り寄せてみることにした。もちろん、発禁処分を受けた初刷ではなく、伏せ字を施した後刷であるが、それでも、十分に雰囲気は味わえる。

四冊のうち、もっとも体系的かつディープなのは、われわれの世代にとっては悪魔学の権威として知られている酒井潔の『巴里上海歓楽郷案内』である。というのも、この本は、本稿にぴったりの題材、すなわち、一九二〇年代のパリの売春案内にほかならないからだ。『巴里上海歓楽郷案内』が、パリ初心者のために真っ先に挙げるのは、ミュージックホールである。なぜなら、ミュージックホールは、入場料さえ払えば外国人観光客でも臆せず入って、「巴里女の美玉の肌を、しみじみ味ひ給う」ことのできるスポットだからである。つまり初心者向けコースというわけだ。

しかし、初心者であっても、舞台で繰り広げられる全裸・半裸の美女たちの華麗なレビューを眺めていれば、おのずと劣情を覚え、どこかでそのエネルギーを発散したくなるのが人情である。

すると、よくしたもので、そうしたエネルギー発散の役目を担った美女たちが、プロムノワールや廊下で観光客たちの寄ってくるのを待ち構えている。

「さういう女達はきらびやかな装ひをし、露骨なほどのデコルテをして、一人或いは何人か連れ立つて、その辺をぶらつき歩くのだが、それがまた挑発的で、ひどく人をそゝるのである。

彼女達は、眼をかゞやかし、唇を真赤に染めて、行きつ戻りつしながら、尻を振り〳〵素敵な運動を腰に与えて、男性の情欲をいやが上にも煽《あお》りたてる」

プロムノワールの美女たちの情欲をそそる仕草がありありと眼に浮かんでくるような、うまい描写ではなかろうか。酒井潔先生、この道では、観察者であると同時に、なかなかの書き手とお見受けした。描写はまだまだ続く。

「演技の合間には、心得た娼婦は酒場《バア》の高い椅子に陣取つて、スカートからはみ出す足を、とても惹附《ひきつ》ける方法で組合せて、時折腿の辺まで展覧に供する心掛けを怠らない。このチラチラと隠見させる呼吸はすばらしいもので、これがまた男性の心に眠つてゐる意地ぎたない気持を喚起させるに大した効果をもつてゐるのである。（中略）

又は、廊下で客の傍近く立寄つて、自分の体を男にすり寄せ、女の肉体の温か味を感じさせておいてから、天鵝絨《ビロード》の欄干に身を支え、故意に胴着の前を少々ばかり開いて、堅い円々とした乳房を一つならず両方まで出して、好色な殿方の眼前にまざまざと見せつけたりする」

酒井先生、この誘惑にコメントして、「こんな艶《つや》やかな光景を見せつけられて、込みあげて来る情欲を抑えることの出来るやうな殿方は一人だつてゐないに決まつてゐる」と書いているが、まさにその通りだろう。石部金吉をもってなるこの私ですら、その場に居合わせたら、容易に陥落していたにちがいない。

では、酒井先生が次に、多少場数を踏んでパリの快楽に慣れた客に薦めるスポットはといえば、それは夜のモンマルトルにあまたあるボワット・ド・ニュイ、ようするにダンス・フロアーを備えたナイト・クラブである。この手のナイト・クラブは、劇場がはねたあと、十時くらいから店を開けるが、こうした場所にも、プロの女たちが控えている。

「大抵かう云つた場所には、一人或は数人の職業的ダンサアが抱へてあつて、客の云ふまにダンスもやれば、又ダンスを好まない客には夜食の御相伴《おしょうばん》もする。で、夜食を摂《と》る人はと見れば、彼はいかめしいスモーキングなんかを着用に及んで、食卓に向かつたまま、女の近寄つて来るのを待ち構へてゐる。その様子が宛然《えんぜん》牧師様と云つた具合で、取り済ました儀式張つた格好をして、踊り子達の中からこれはと思ふ女をつかまへるのである」

こうしたナイト・クラブの踊り子というのは、ミュージックホールのそれとは違って、「普通の客」として店に入って、「普通の客」としてダンスを踊ったり、食事をしたりしているという「原則」になっている。つまり、踊り子といっても、それは店に雇われたステージの上の踊り子ではなく、ダンス・フロアーで自前で踊っている、独立事業者のダンス・レディーなのだ。そのことはこの続きを読むとよくわかる。

「隅の方を見ると、一人食卓に椅《すわ》つて、人を小馬鹿にしたやうな唇をして、指の先に東洋製の紙巻煙草《シガレット》をはさんだ女が腰掛けてゐる。それは黒瞳《くろめ》がちのパッチリした眸《ひとみ》のブロンドで、切りと隣の男に流眄《りゅうべん》を送っては、その様態を抜かりなく読まうとしてゐるのだ」

男のほうはと見れば、これは赤ら顔のでぶでダンスなど踊れそうもない御仁である。では、いったいどうするのかと興味津々で観察していると、男はシャンパンを注文し、それを隣席の女に届けさせた。女は待ってましたとばかりに、誘いに応じた。

しかし、ここからが女の腕の見せ所である。というのも、「普通の客」のはずの女は、じつは店と契約していて、男にシャンパンを多く飲ませれば飲ませるほどバック・マージンが入ってくる仕組みになっているからである。ただ、いくらやり手の女でも、長引かせるには限度がある。というのも、店にいる女は一人ではないからだ。つまり、あまりに粘ると、客は切れて他の女に乗り換えてしまう恐れがあるのだ。

では、目出度《めでた》く、女と男の「商談」が成立したら、その後はどうなるのか？

近くのホテルにしけこむという道も当然考えられるが、もっとてっとり早い方法もある。

「このダンス場の他に、何処のボックスもさうだが、特別な小部屋がいくつか必ず設けてある。それは大抵二階にあつて、音楽もそこまでは達しないやうになつてゐる。これが又とても快適に出来てゐる。先づ客はそこの食卓で食事をやる。それから、隅の方にある長椅子の上では、勝手な姿勢をして喋《しゃべ》りたいだけ喋ることが出来る。謂《い》はゞ小さな隠れ家といつた形である。そこには化粧室もあつて、洗面所は湯と水の自在に出る設備になつてゐるから、手を洗ったり、乱れた髪を梳《くしけず》ることも出来るといふわけだ」

もちろん、そこで洗えるのは手だけではない。ことが終わった後の始末を女性がちゃんとできる施設も備えてあることはいうまでもない。

そのために、このナイト・クラブの個室は、殿方が娼婦を連れ込むためにだけ使われるのではなく、堅気の女を誘惑するための場所としても役立てられていたのである。ただし、その使用料がベラボウに高いことはあらためて指摘するまでもない。

このナイト・クラブの売春に関しては、酒井潔は、サン・ドニ門近くの路地にある「ア・ラ・グロット・デ・ジロンデル」、つまり「ツバメの洞窟《どうくつ》」という名前の店でのそれを紹介しているが、こちらは、むしろ、日本のピンク・サロンの雰囲気に近い。

「四方にテーブルが散らばつてをり、扉口の正面には、こゝの女将の坐る椅子があつて、隅の方には一台の自働ピアノが置かれてある。

客が席につくと、ここの『燕《つばめ》』達は、その客の膝の上とか、傍の腰掛などに身を据ゑるのだ。それがまるで燕のやうに軽快なのだ」

では、客の膝の上に乗った女の子たちは、日本の「チチモミ・パブ」とか「生殺しパブ」のような間接的なセックス・サービスに従事するのかというと、そうした中途半端なサービスはフランスでは原則として、今も昔もありえない。あるのは、次のような直接的なセックス・サービスのみである。

「燕達はありつたけの媚《こび》を含めて客に詰め寄るので、客は始めは何か一寸《ちよつと》したもので一杯やるつもりで入つたのが、かういふ風に出て見ると、飲み喰ひは従とせざるを得なくなつて、忽《たちま》ち主客が意気相投合するといふやうな訳合になる。

すると、客はこの『燕』を連れて奥の方にある梯子《はしご》段に姿を消すのだ。梯子段の上――つまり第二天国に昇りつめて、こつそりと歓楽に酔ふといふ寸法なのだ。

そして、男女は再びその梯子を降りて姿を現すのだが、男が紙幣ビラを切つて女の眼を眩惑《げんわく》しない限り、『燕』は最早その客を見向きもしない。独りぼつちでゐる客を物色しては、また候《ぞろ》、燕の巣に引入れやうとするのだ」

この方式は、一九六〇年代までの新宿ゴールデン街と基本的に同じである。ゴールデン街のバーも、一階は女の子を拾うところ、二階の狭い部屋は直接的セックス・サービスの提供場であったからだ。

この意味で、私娼街というのは、世界各国、どこも似たようなシステムにならざるをえないといえる。ただし、そこから間接的サービスが独立して、別の形態たるピン・サロへと発展していったのは日本だけである。

売春防止法こそが、日本の風土に、摩訶《まか》不思議な迂回《うかい》セックス・サービス産業というものを誕生させたのである。

一九二〇年代パリの出会い系サイト

酒井潔の『巴里上海歓楽郷案内』(竹酔書房　昭和五年)は、数あるパリ売春街探訪ものの中では傑出している。それというのも、丹念に私娼の出没する場所と様態を書き留《とど》めておいてくれているので、後世の研究者にとっては、じつにありがたい資料となっているからだ。

といっても、その全部を列挙するわけにはいかないので、他の資料には出ていないような変わり種をいくつか紹介しておこう。

一つは、結婚媒介業の看板を掲げた売春斡旋業である。一昔前なら愛人バンク、いまなら出会い系サイトということになるが、酒井潔に言わせると、この結婚媒介業は、スタートの時点では「頗《すこぶ》るつきの正業であつた」のが、時の経過とともに変質し、「中には幾日かの間を限つて善男善女を結合させ、その日数に従つて料金を定め、世のアダムとイヴに不義の快楽を得させることだけを目的とする周旋屋も現はれるに至つた」のである。

こうした結婚媒介業者は、「リール(笑い)」とか「スーリール(微笑)」、あるいは

「ラ・ヴィ・パリジェンヌ」といった軟派新聞に広告を出して客を募っている。なにごとも徹底しないと気が済まない酒井潔は、新聞広告で見かけたこうした業者の事務所まで実際に足を運んでみることにする。

すると、驚いたことに、事務所はモダンで近代的なビルにあり、いかにもアメリカ的な合理的かつ合法的なビジネスが営まれているような雰囲気が漂っている。一歩、事務所に足を踏み入れると、愛想のいい婦人が応対に現れ、客の希望条件を尋ねてくる。

「あらゆる種類の女が予《あらかじ》めリストに載つてゐて、客の条件によつて、恰好《かつこう》の女が直ちに望める仕組みなのだ。

そこで客は、一時の慰めの関係を結ぶによい理想的な女の条件を詳細に並べて、この媒介所へ金を納めさへすれば、直《す》ぐに理想の『細君』の愛の巣の番地をチヤンと知ることが出来るのである。

さて、この報知料は高くとも五百法、最低は五十法といふところだ」

しかし、当然ながら、中には、自宅の住所を知られたくない女がいる。というよりもその方が多数派だ。その場合にはどうするのか？

「かういふ場合には、例の仲介女が、その家を客とのランデ・ブウの場所として貸し与へる。

で、愈々《いよいよ》会合の場合になると、仲介女は、婿《むこ》となり嫁となるべき善男善女をその部屋に導き入れてお互ひの紹介の役をつとめる。それが又、仲々丁寧に行はれる」

女は、まるで、それが本当の結婚斡旋業であるかのごとく、お互いに腹蔵なく話し合ってみるように勧めてから自分は隣室に消え、ドア越しにそっと様子を監視している。そして、頃合いよしと見ると、部屋にまた入ってきて、にわか仕立てのカップルにどこか近くを散歩してくるよう、サジェッションを与える。しかし、中には困った客もいる。

「時としては、急いでゐる客などは、代金を払った以上、女はいつでも即座に、自分の自由になるのだと云つて、その権利を主張し、直ちに『問題の要点に立ち入る』ことを要求する者もある。だが、実際、仲介女が、自分の部屋に未知の男女を引き入れて、関係の手伝をするといふことは、殆《ほとん》ど稀である。何故と云ふに、かうなると明かに違犯で、その家を『娼家』の部類に入れることが必要になつて来るのだ。つまり、警視庁の許可を受けなければ営業が出来ないのである」

こういう結婚媒介業者の用意している花嫁候補というのは、たいていがプロの私娼だから、ときには、面妖《めんよう》な事態が発生することもある。

ある知名な実業家が、この手の事務所を訪れ、さるミュージックホールの有名な踊り子D嬢を斡旋してもらえないかと頼んだところ、仲介女は、いともたやすい御用だ、D嬢ならうちのリストに載っていると答えた。じつは、仲介女はD嬢のソックリさんを知っていたにすぎないのだが、どうせ見分けはつかないだろうと高をくくったのである。料金はべラボウで五千フラン＋仲介料千フラン。しかし、実業家は裕福なので、安いものだとOKを出した。

当日、セッティングされたお見合いの場所に赴いた実業家は、偽D嬢を見るなり、いきなり激しい罵詈《ばり》雑言を浴びせ始めた。

「男は、実際、不思議な縁から、彼女、則ちこの偽のD嬢を予《かね》てから知つてゐたのだ。それは彼の投宿したホテルの爪磨き女で、投宿した晩彼は既にこの女と関係してしまつてゐたのである。それも、たつた五十法の金で！」

酒井潔が次に紹介する隠れ売春は、新聞の三行広告（フランス語では、これを「プティット・ザノンス〈小広告〉」という）の「交際欄」を利用したもので、これなどは、文字通り出会い系サイトの元祖である。

プティット・ザノンスが出ているのは、例によって、「リール（笑い）」「スーリール（微笑）」「ラ・ヴィ・パリジェンヌ」などの軟派新聞。酒井潔は、あるとき、思い切って、このプティット・ザノンス欄に次のような文面の広告を出してみた。

「当方男子、年齢三十歳、体格良く、高等教育あり、且つ愛情に富む。令嬢の方か或《あ》るいは相当なる年若き淑女の御交際を求む。左記宛御書面頂きたし。

パリ……郵便局留置。ムッシュウ……」

果たして結果やいかに？

驚くなかれ、酒井潔の元にはありとあらゆる階級の婦人から山のような手紙が届けられたのである。その中で、代表的なものは、①パリで一人暮らしをする孤独なお針子、②地方在住の欲求不満な人妻、③露骨に援助交際を求めている女、④パリに出たくてたまらぬ地方の料理女、に分けられるが、その手紙の文面はというと、以下の通り。

①「拝啓（中略）妾は年齢二十二歳の近代的な快活な女《ブロンド》でございます。唯今は或る裁縫店の売子として働いてをりますが、たつた独りきりの生活でございますから、日曜日毎に妾と逢つて、妾の寂しい夜を、晴れやかにして下さる、愛情あり理解ある男の方が欲しいと思つてをるのでございます……」

②「（自分がこの新聞を手にしたのは偶然であることを強調し、自分が有夫の身であることを告白した後）不幸にして妾の夫は、妾よりも十六も年上なのでございます。その上、夫は永い間、当然妻として要求し得る愛を妾に与へないのでございます。そればかりではなく、夫は大の吝嗇《りんしょく》で女の喜ぶやうな、ほんのつまらぬ物さへ買つては呉れません。貴方様！　貴方様は、どうか妾の親切な理解ある友として、この精力の消耗した夫から離れさして下さいまし（後略）」

③「ムッシュウ、妾は今、ほんたうにクサクサしてゐますの、だからからうやつて訴へる

のですわ。妾には二年前から一人の恋人がありました。ところが彼は、今、妾をまるで塵《ちり》か芥のやうに捨てゝ、逃げて行つてしまひました。妾には何の仕事もありません。又一銭の貯へもないのです。（中略）明日までに是非共入用な、三百法がどうしたら手に入るか、そればかりを案じてをるやうな始末です。どうかこの難局にある妾をお救ひ下さい。妾の肉体と、すべての愛情とを籠《こ》めた抱擁は、皆あなたのものでございます。どうぞ、早くいらしてください……」

④「拝啓、妾は今、実に退屈で仕方がありませんから、かく、あなた様に手紙を差上げるのです。妾は当地×……の料理女《キユイジニエール》です。もう当地の生活が厭《いや》になりました。こちらには映画館などもまるでないのですから。妾は妾を巴里《パリ》に連れて行つてくれる友達が欲しいのです。そんな方を心から愛します。そして、何時でも愛の御要求に応じます。巴里まで行くには六十法要ります。……どうか為替手形をお送り下さい。そして、あなた様の御住所をお知らせ下さい。直ぐに妾はあなたに抱かれに参りますから……」

現代の出会い系サイトをにぎわしている女性からのメールの文面も、せんじ詰めれば、この四パターンに分類されるのではないか？　そこにあるのは、金銭と贅沢《ぜいたく》の欲求もさることながら、なんとか単調な生活から抜け出したいという「終わりなき日常」への嫌悪なのである。いいかえれば、女性のこの心の虚《うつ》ろが満たされない限り、売春は永遠になくならないのである。

ところで、酒井潔が紹介している他のプティット・ザノンスには、ほとんど暗号のようなものがあり、解読コードを知らないとなんのことか分からないものが多い。

たとえば、こんな文面は、どのように解読したらいいのだろう。

「当方男子、性質悪き方、但し誠実。英語を語り得る婦人を求む」

「性質悪き方」というのが、暗号なのだが、これは、おそらく谷崎潤一郎の小説などから判断すると、Sの男がM女を求めているのではないかと解読できるが、しかし、「英語を語り得る婦人」というのは何だろう?

酒井潔の解読によると、真の意味はこうだ。

「当方男子、鞭《むち》打ちを好む婦人を求む」

ふーむ、どうやら、たんなるM女募集ではなく、鞭打ちの巧《うま》い女が必要なようだ。「英語」というのが、鞭打ちのコードなのだ。

では、次のプティット・ザノンスの意味はいかに?

「当方男子、性質温良。尊大にして英語を語り得る婦人を求む」

酒井潔の解読はこうである。

「当方男子、鞭打ちを好む。鞭打ちによって快感を得る婦人を求む」

なかなか、奥の深そうな暗号コードである。それにしても、短期間のうちにコードを解読した酒井潔は偉大である。

しかし、酒井潔が偉大なのは、ブッキッシュな知識ばかりか、現実の観察を怠らないことである。

たとえば、プティット・ザノンス欄の繁盛ぶりから察して、手紙のやり取りの方法に思い至った彼は、昼食時にわざわざ郵便局に出掛け、その留置郵便の窓口の混雑ぶりに眼をとめる。

「留置郵便の受付には、若い婦人連で文字通り黒山なのだ。中には余りに屡々《しばしば》この留置郵便を利用するので、係の者に彼女の頭文字すら云ふ必要のないものがある位だ。

彼女らは、微笑しながらそこの係員に『お早う！』とか『妾に来てゐて？』などと馴れ〴〵しく話しかける。と、局員の方でもこれをチラリと横目で見て笑つたり、たまには冗談口の二つ三つも交はすほどの顔馴染みさである」

この郵便局の留置郵便には、ただ一つだけ欠点があった。それはコードネームがイニシャルであることで、ときにこれによって身元がバレることがある。

そこで登場したのが、P・O・Pなるものである。これは、酒井潔が「巴里公衆通信取扱所」と訳しているところから判断して、Poste Officiell de Paris の略かとは思うが正確なところは同定が済んでいない。

「これは巴里全市に散在してゐて、人々に或る名前を貸し与へて、その名前によつて通信の遣《や》り取りの便宜を図るのである。料金は月八法から十法ぐらゐまでゝ、その本部では利用者の偽名を掲載したカードを備へ付けて、郵便物はこれを参照してその利用者の宿所に配達する仕組になつてゐる。このP・O・Pの他にも、近頃では多数の私設取扱所が作られて来たやうだ。例へば、『マッヂ』『イリス』『ストップ』『スタア』等々である。それらの仕組及び料金は、P・O・Pと大して変りがない」

すごい。ネット・サーバーとハンドル・ネームによる通信は、すでに一九二〇年代にはパリに存在していたのである。

やはり、パリという都市は、エロにかけては永遠の前衛というほかはない。

完璧なパリ歓楽案内

酒井潔『巴里上海歓楽郷案内』の導くままに、パリのさまざまな売春の実態を眺めてきたが、この『巴里上海歓楽郷案内』のすごいところは、観光客が娼婦と出会える場所を具体的に示してあることだ。すなわち、ミュージックホール、ナイト・クラブ（ボワット・ド・ニュイ）、ダンスホール、カフェ、ブラスリなどの項目の最後に施設の名称を住所付きで表記していることである。いいかえると、一九三〇年に、この本を持ってパリに旅立った日本人の鼻下長紳士は、確実に、ガイドされた場所に赴き、あこがれのパリジェンヌの柔肌にふれることができる仕組みになっていたということだ。

では、どんな施設が具体的に挙げられているのかというと、ミュージックホールは、ムーラン・ルージュ、フォリ・ベルジェール、カジノ・ド・パリなど、まあ予想通りの有名店が並んでいるのだが、ボワット・ド・ニュイに関していうと、そこに意外な名前が登場していて、事情を知らない現代の読者はアレッと思うのである。

主な夜の箱（ボックス）とその所在地

レ・ロマノ……コーマルタン街十四。
ラ・ロトンド……モンパルナス通り百三。
アンバサドウール……シヤン・ゼリゼの辻。
オー・ゼリース……フオンテエヌ街十六。
キヤバレ・ロワイヤル……クリシイ通り四十二。
ル・キヤピトール……ノートル・ダム・ド・ロレット街五十八。
マリアンヌの家……クリシイ通り七十二。
降誕祭（ノエル）の家……ブランシユ街五十。
シロス……ドーヌ街六。
オーベルジユ・ヂユ・クルウ……アヴニユ・トルユデエヌ三十。
ダルクウル……サン・ミツシエル通り四十七。
エル・ギヤロン……フオンテエヌ街六。
エル・パシオ……ルイ大王（ル・グラン）街三十二。
フウケエ……アヴニユ・シヤン・ゼリゼ九十九。
グラン・レツデイ……コーマルタン街二十四。
小鈴（ル・グルロ）……ブランシユ広小路三。

アンペリアル……ピガール街五十九。
ラヂユニー……ヴイクトオル・マッセ街三十八。
ローヂエ……シヤン・ゼリゼの辻。
オー・マラブウ……ミルトン街六。
マキシムス……ロワイヤル街三。
モンマルトル・スウペール……ピガール街五十四。
ノエル・ペエテル……パサージユ・デ・プランス二十四。
ピガルス・スペール……ピガール街七十三。
サヴオイ・レストラン……ピガール街七十三。
ラヂユニイ……ピガール街五十八。
タナグラ……ド・ナワラン街二十二。
死なない鼠《ねずみ》（ル・ラ・キ・ネ・パ・モール）……クリシイ通り十六。

煩わしさを厭《いと》わずすべての店名を引用したのは、酒井潔の情報が恐ろしく正確であるためだ。では、なぜ正確とわかるのかといえば、それは酒井の本とほぼ同時期に発行された『パリ歓楽ガイド　昼のパリ、夜のパリ（Guide des Plaisirs à Paris, Paris le jour Paris la nuit）』が、娼婦のいるナイト・レストランとして挙げている店とほぼ重なっているからだ。

しかし、こう書くと、それは酒井がこの『パリ歓楽ガイド 昼のパリ、夜のパリ』を引き写したのではないかという反論がなされるだろうが、しかし、詳しく突き合わせてみた結果、両者が一致していない箇所もあるので、どうもその仮説は成り立ちにくい。やはり、酒井は独自の調査を実施したものと思われる。すごい人である。

たとえば、「レ・ロマノ……コーマルタン街十四」であるが、これは、『パリ歓楽ガイド 昼のパリ、夜のパリ』で引くと、Romano, 14, rue Caumartin とあって「内装は美しく、客層はブールヴァール人士。料理はおいしい。深夜までダンスが楽しめる。ディナーの間にさまざまなアトラクションあり」という記述が出ている。問題はその次の一文だ。そう、最後に「社交界の、および半社交界（ドゥミ・モンド）の美人多し」という注が出ているのである。

同じく「オー・ゼリース……フォンテエヌ街十六」は、Zellich 16 bis, rue Fontaine とあり、「装飾の立派な広い室内で、深夜以後でもダンスが楽しめ、あらゆるアトラクションが用意されている。夜食を取り、シャンパンを飲むことができる」の後に、「たくさんの美女が待機している。オール・ナイト営業」とある。これまた、酒井のいうナイト・クラブの定義にぴたりとあてはまっているのである。

さらに、「エル・ギヤロン……フオンテエヌ街六」は、「モンマルトルの、および他の場所から来たありとあらゆるエレガントな女性がここで出会う」とあるし、「サヴオイ・レストラン……ピガール街七十三」は、「ここでは、モンマルトルの最もチャーミングな女性たちと一緒に夜食を楽しめる」とある。

ようするに、これらは、酒井のいうナイト・クラブの定義に正確に該当しているのであるが、今日の感覚からすると、このリストに「マキシムズ」（酒井はマキシムスと表記）や「フーケ」（酒井はフウケエと表記）が挙げられているのが意外な感じがする。「マキシムズ」はパリを代表するレストラン、「フーケ」はシャン＝ゼリゼの名店だからだ。とりわけ「マキシムズ」は不思議だ。

だが、『パリ歓楽ガイド　昼のパリ、夜のパリ』でMaxim'sを引くと、次のような記述がちゃんと出ているのである。

「パリの名店。非常においしい昼食にはとりわけ紳士たちでごった返すが、昼食時には御婦人の姿はほとんど見られない。二十一時からは美女たちがたくさん姿を見せる。二十二時からはダンスが楽しめる。マキシムズはパリで最も楽しく、最も陽気なレストランのうちの一つである。〇時頃、夜食を取る男女でこの有名なレストランの奥の広間は一杯になる。シャンパンが波のように流れ、そのあげく、深夜まで、プレイボーイ、演劇人、社交界女性、それに半社交界の女性が入り乱れて、楽しい乱痴気《らんちき》騒ぎを繰り広げる」

そうであったのだ。「マキシムズ」は、『失われた時を求めて』に登場するような上流紳士たちが食事をとる高級レストランであったばかりか、それらの紳士の夜のお相手をつとめるはずの半社交界の貴婦人たちが待機していたナイト・クラブでもあったのだ。「マキシムズ」にこうした側面があったことの動かぬ証拠になっているのが、昭和三年に初版が出た奥野他見男『夜の巴里』（玉井清文堂）である。

この本は、奥野他見男「著」ではなく、実は「パリのダークサイド」というアメリカのジャーナリストの著したインサイド・レポートの翻訳であり、奥野他見男「訳」というのが正確なところであるが、翻訳と称するにしてはそのフランス語の固有名詞の表記がものすごく、モンマルトルが「モントアルタア」、シャン＝ゼリゼが「エリセー平原」、リュ・ド・ラ・ペが「ライ・ド・ラ・ペイ」などと、かなりの豪傑訳になっているので、どの程度、訳文に信頼が置けるのか判断がつかない。とはいえ、それでも、次の「魔女の『夜鳥』」の一節は「マキシムズ」に娼婦が出入りしていたことの貴重な証言になっているのではないだろうか。

「彼の女はおそく起き出して化粧服を着け、門番の用意してくれる屑のやうな食事を取る。（中略）それから若し彼の女は、着たり被《かぶ》つたりして見る幾つかの着物や帽子がなければ、夕刻まで室内にへばりついてゐるだらう。（中略）そしてやがて、時計を見やりながら静かに立ち上つて、夜の生存の闘ひのために盛装を凝らし出す。こんな『闘争』のための用意をしなければならないとは、何という恐ろしい仕事を彼の女はなすのだらう。然《しか》し諸君が、マキジム料理店か、デッドラット料理店へ出かけるやうになれば、彼の女が仕事場にはんべる時には、疲労の影すら浮かべてゐないと言うことが解《わか》るだらう。夜毎《よごと》々々彼の女は斯《こ》ふして『待ちに待つて』そこに坐つてゐるのである。

其の中に誰かゞ彼の女を夕餐《ゆうげ》の席へ招待するだらう。さうすると彼の女はよく喋り、笑ひこけ、シャンパンを呷り、浮はついた戯談をたゝいて自分を忘れる。然し彼の女は始終笑ひながらも、『私の夜の時間を此麽《こんな》にして過していゝのか知ら？』と自分の胸に訊《き》くのである。

男は彼の女にさよならを言つて、そして別れてゆく。取り残された彼の女は絶望したやうに後を見送る。（中略）

男が一人でやつて来やうものなら、永遠の喜びでも湧いて来たやうに、希望に輝いた眸《ひとみ》で客を見詰める。然し、男は、恰度禿鷹《ちようどはげたか》が食物でも求めるかのやうに、彼の女等を眺めながらぼんやり腰を下ろして、簡単に酒を飲んでそゝくさと出てゆく。『夜鳥』は喪心したやうな様子で着物部屋の自分の持ち物を集めながら、そろそろ家へ帰る仕度に取りかゝる。さうして遊び客を押し分けて街路へ出る。夜の車夫が、『夜鳥』のスカートに縋《すが》りつく」

（奥野他見男『夜の巴里』）

この記述によれば、「マキシムズ」には、こうした女たちのための「着物部屋」、つまり着替えの部屋が用意されていたということだから、女は、少なくとも店の承認を得た上で待機しているのであり、勝手に入り込んだのではない。しかも、待機していた女は、店の格に見合った高級なドゥミ・モンデーヌであったにちがいない。では、店から手当が支給されていたのかといえば、それは疑わしい。店側はあくまで、客の便宜のために場所を提供しているにすぎないという「形式」をとっていたのだろう。

では、女たちの稼ぎはどんなところにあったのかといえば、それはやはり売春以外にはない。食事をともにしただけではチップ程度しかもらえず、一夜をともにしない限りは商売にならなかったのである。この点では、「マキシムズ」の女たちは紛れもない娼婦であったのだ。

これに関して、決定的な証言を残しているのが、一九二〇年代に「マキシムズ」の常連中の常連であったバロン薩摩こと、薩摩治郎八である。

薩摩治郎八は、祖父と父の残した膨大な財産をもとにパリで二十年以上も豪遊を続け、二百億円とも八百億円ともいわれる金を文字通り「蕩尽《とうじん》」した人物だが、その薩摩治郎八が、一九六六年、東京に「マキシムズ」の支店が開設されるさいに発行された記念パンフレットの中で、インタビューに答え、こんなことを述べているのである。

（インタビューアー）フランスにあるものを、そっくり持ってきまして、アール・ヌーボーだとかロココ風の彫刻だとか、ジュウタン、テーブル、壁面、そっくりなのをつくろうとしております。コックから、メエトル・ドテルから学士まで、全部呼ぼうと……。

（薩摩治郎八）女はどうするんですか、女は

――戦後のマキシムには、女はいないそうですよ。

（薩摩治郎八）冗談じゃない。マキシムは、女で有名ですよ。マキシムに女がいなかったら、マキシムじゃないですよ。女がいなかったら、だれが行くかってんだ。日本だってあんた、ホステスってあるでしょ。女がいないなんて、野郎の行くとこがないじゃないか、マキシムはお寺さまじゃあるまいしさ。

あんたがた、その、昔のこと知らなきゃあダメなんだよ。だから、その女の呼び役に私を送ったらいい。（大笑）

戦前の「マキシムズ」は、女、つまり独立採算制の個人事業主たる私娼の存在により人気を博していたのである。薩摩治郎八の証言はよくそのことを物語っている。

III

娼婦の家計簿

以前から娼婦《しょうふ》の家計簿というものが知りたかった。いったい、どのくらい稼いで、どのくらい消費しているのか、はたまた、ヒモやメゾン・クローズの女将《おかみ》にどの程度中間搾取されているのか、詳しい数字を知りたいと思っていた。

しかし、あたりまえだが、なかなかそうした家計簿には遭遇しなかった。特に私娼の家計簿というのは皆無に等しかった。

ところが、先日、大杉栄の『日本脱出記』を読んでいたら、大杉がパリで知り合ったミディネットから聞いた話というのが出ていた。

だが、そもそも、ミディネットとはどのような女なのか？　大杉の説明はこうである。

「今パリではミディネットが同盟罷工《ひこう》をしている。

このミディネットというのは、字引をひいてもちょっと出てこない字だが、ミディすなわち正午にあちこちの商店や工場からぞろぞろと飯を食いに出てくる女という意味で、いろんな女店員や女工を総称するパリ語だ。そしてこのミディネットがやはり、正午のやすみ時間に、本職の労働以外の労働をするという話を聞いた。実は、僕がミディネットという言葉を覚えたのも、その話からなのだ」

女とすぐに友だちになれる特殊な能力をもっていた大杉は、さっそくそうしたミディネットの一人と友だちになり、彼女の生活状態を聞いてみることにした。すると、ミディネットは、自分はまだ未熟練なので週給は六〇フランしかもらっていないと語ってから、家計簿の概略を紙に書いてくれた。以下がそれである。

		フラン
朝飯（キャフェとパン）		*0.60*
電車（往復）		*0.35*
昼飯		*4.50*
夕飯		*3.50*
洗濯		*0.80*
部屋代		*2.00*
雑費（病気や娯楽）		*2.00*
被服		*2.00*
合計	一日	*15.75*
同	一週	*110.25*
同	一月	*441.00*
同	一年	*5,292.00*
収入	一年	*3,120.00*
不足	一年	*2,172.00*

ちなみに、私が試算したところでは、この一九二三年当時の一フランは現在の日本円に

換算すると約五〇〇円。それを当てはめてみると、おおむね、納得のいく数字が出るはずである。すなわち、一日に必要なのは、七八七五円。食事代は、朝食三〇〇円、昼食二二五〇円、夕食一七五〇円で合計四三〇〇円とかなり贅沢《ぜいたく》だが、これは食費の高いパリでは今日でも、ごく一般的な金額だろう。対するに、部屋代は一日一〇〇〇円、月額にすると三万円とかなり安い。そして、一ヵ月では二二万五〇〇〇円。年額二六四万六〇〇〇円。

ただし、これは、あくまで、「必要な金額」であり、実際のミディネットの収入はわずかに年額一五六万円（月額一三万円）にすぎない。そこで、大杉はこの家計簿を睨《にら》んで、一年約二〇〇〇フランの不足がどのように補われるかを考察し、可能性としては、自炊して昼も夜もジャガイモかスープで過ごし、洗濯代や衣服代それに娯楽費をうんと節約するか、さもなければ、「いわゆる『お友だち』の男と同棲する」か「正午のやすみ時間に働く、いわゆるミディネットになる」しかないと結論づけている。

この大杉の推測はかなり当たっている。というのも、大杉がパリにいた一九二三年ころの生活費は、同じ時期にパリに留学していたフランス文学者の内藤濯《あろう》のつけていた日記などから推測すると、月額五、六〇〇フラン（二五万—三〇万円）くらいだから、ミディネットが毎月必要としていた金額よりは多少多い程度である。ということは、留学生並みの生活水準をミディネットが保とうとすると、どうしても、「いわゆる『お友だち』の男と同棲する」か「正午のやすみ時間に働く、いわゆるミディネットになる」かの手段で残りの年額二〇〇〇フランを案出しなければならないということになる。

しかし、そうしたパートタイム娼婦を続けていると、当然、そのうちに警察の狩り込みに遭って捕縛されるか、あるいは性病に罹患《りかん》して無料診療所に赴き、その結果、強制的に公娼登録をさせられることになる。つまり、いずれはメゾン・クローズに落ち着くことになるわけだが、ではメゾン・クローズでの生活費はというと、こちらは幸いなことに、一九二六年に南仏のマルマンドのメゾン・クローズ「オ・パルミエ」にいた娼婦が友だちに出した手紙に一週間分の生活費の詳細が記されているのでこれを借りることにしよう。

	フラン
食事込みの宿賃 （一日一〇フラン）七日分	*70.00*
タオル代	*7.00*
熱湯代	*5.00*
石鹸《せつけん》代	*3.00*
コーヒー代（七日分）	*7.00*
白粉《おしろい》代	*7.50*
サンドイッチ代（二回分）	*4.00*
アペリティフ代	*18.00*
バター付きフランス・パン （四回分）	*4.00*
クローディーヌ・タイプの 上っ張りの貸し料	*7.00*
キモノの貸し料	*12.00*
合計	*144.50*

（A・ブーダール／ロミ『メゾン・クローズの黄金時代』アルバン・ミッシェル）

このうち、注が必要なのは最後の「クローディーヌ・タイプの上っ張りの貸し料七・〇〇フラン」と「キモノの貸し料一二・〇〇フラン」だろう。これらは、今日でいうところのコスプレ衣装レンタル料金で、「クローディーヌ・タイプの上っ張り」とは小説家コレットの「クローディーヌ連作」にちなんだもので、リセの少女クローディーヌが着ていた上っ張りのこと。現代の日本に置き換えればセーラー服だろう。「キモノ」というのは日本のキモノがメゾン・クローズでは娼婦用の寝間着として用いられていたことを意味する。

しかし、そうした特殊な料金を別にすれば、このメゾン・クローズで徴収されていた金額一四四・五〇フランは、パリのミディネットが一週間に必要とした生活費が一一〇・二五フランであったことを考慮にいれれば、それほどベラボウなものではない。おそらく、地方のメゾン・クローズだったので比較的安く抑えていたのだろう。しかし、そうなると、気になるのが娼婦が稼ぐ収入の額である。いったい、この一九二〇年代には、メゾン・クローズの娼婦はいくらくらいの料金を取っていたのだろうか？

これは、本当に千差万別で、上の方を見るときりがないから、ひとつ、アバタージュと呼ばれた最底辺のメゾン・クローズであるフルシー通り一〇番地の「ムーラン・ギャラン」の一九二九年の内部規則を見てみよう。

「料金は五・二五フラン。このうち、店が二・五〇フランを取り、二・五〇フランが女性従業員に支給される。残りの二五サンチームはタオル代である」

この数字を例の一フラン＝五〇〇円のレートに置き換えてみると、なんと一回が二六二五円！　思わず「安い！」という不謹慎な叫びが出そうになるが、それは「ムーラン・ギャラン」が、いわゆるショート一回十五分の超格安店で、回転だけを狙ったベルト・コンベアー方式を取っていたがためである。ちなみに、娼婦一回の取り分二・五〇フランで一日に店に収めなければならない三〇フランを稼ごうとしたら、最低一日一二人の客を取らなければならない計算になるが、しかし、それでは娼婦の手元には一銭も残らないから、当然、二〇人、三〇人と数をこなすことになる。多いときには八〇人の客を取っていたこともあるという。これでは、果たしてミディネットとして働いていたときとどっちが楽かわからない。悲惨を抜け出そうとして再び悲惨に落ちるというワーキング・プアの宿命なのだろうか？

もっとも、フルシー通り一〇番地の「ムーラン・ギャラン」は格安が売りのメゾン・クローズなので、普通の店はこれほどひどくはない。

十九世紀後半に活躍したジャーナリスト、レオ・タクシルが一八八四年に残した証言によると、当時のパリの高級店は一回三十分の料金が二〇フラン、二流店は一〇フラン。最低ランクが二フランだったという。ちなみに、この時代の一フランは一〇〇〇円だから、

兵士用の最底辺のメゾン・クローズ

四十五年が経過した一九二〇年代のレートに置き換えると、高級店が四〇フラン、二流店が二〇フラン、最低ランクが四フランということになる。ほぼ、当てはまるといっていい。

ただし、以上は、一切のオプション料金なしの基本料金であり、変態好みの客の要求に応じる場合のオプション料金はそれこそ青天井だった。

たとえば、ＳＭ客用に貸し出される変態グッズのレンタル料金は「総ニッケル製の拍車」が四〇フランから五〇フラン。「鋲打ちの鋼板製貞操帯」は女性用が二六〇フラン、男性用が三〇〇フランと、べらぼうな料金設定がなされていた。

また、金満家の客が常連となっている「シャバネ」や「ワン・トゥー・トゥー」「スファンクス」などの超高級店では、観光客のための「登楼なしの見学」料金だけでも三五フランから五〇フランを取っていた。

では、こうした超高級店では、娼婦はたっぷり稼げたのかといえば、さにあらず。じつは、この手の店では、金はクローズなサーキットで循環しており、娼婦は稼いだ金を全部店の中で消費するように仕向けられていたのである。

「女将がなにもかも売っていた。女将は、洋服屋であり、下着屋であり、靴屋、香水屋でもあった。その価格は市価の五倍から八倍だった」（ロール・アドレール『メゾン・クローズの日常生活　1830-1930』アシェット）

これでは、いくら娼婦が肉体を犠牲にして稼いでも、永遠に貯金はできず、借金だけが膨らんでいくことになる。

虐げられた者はどこまで行っても「見えない牢獄」から抜け出せないようになっていた。

この意味では、メゾン・クローズはまさに社会の縮図だったのである。

「高級」娼婦の家計簿

前項で、「低級」娼婦の家計簿を紹介したので、ここではひとつ、「高級」娼婦の家計簿というものを分析してみることにしよう。

だが、そんなお誂《あつら》え向きのものが見つかるのかというと、これがあるのだ。エミール・ゾラの『ナナ』には、調べ魔ゾラが高級娼婦の生活を徹底取材した成果が具体的な数字となって反映されているのである。

しかし、いきなり数字を列挙するのも無粋だから、とりあえずは、ナナがミュファ伯爵に囲われることになるモンソー公園近くのヴィリエ通りの大邸宅の描写から見ていくことにしよう。

「ナナの屋敷は、ヴィリエ通りのカルディネ街に曲る角にあった。昔モンソー原と言った空地の真ん中に出来かかっているあの贅沢な一郭である。（中略）前庭の大きな庇《ひさし》の下の階段には、絨毯《じゅうたん》が敷いてあった。玄関をはいるともう、菫《すみれ》の香りがし、厚い壁掛けに囲まれた温かい空気が感じられた。黄とバラ色の焼絵ガラスの窓から、人肌色の淡い光が射し

こんで、広い階段を照らしていた」（エミール・ゾラ『ナナ』川口篤、古賀照一訳　新潮文庫以下、同書）

邸宅は、成功に酔った画家が金にあかせて建てたものだが、入居するときにはもう売りに出さねばならなくなった曰くつきの物件で、ミュファ伯爵は豪華な家具付きで購入したのである。ナナは自分の趣味に合うように改造を施したが、元街娼という出自にもかかわらず、いつのまにか洗練された趣味を身につけていて、オリジナルなプランを提案したりして建築家を驚かした。

一階にはルイ十六世風の大広間があったが、そこはチュイルリの高官や外国の名士を招くような大宴会を催すときにしか使わず、ナナは二階の三室だけで暮らしていた。

「もう二度も彼女は部屋の壁の模様替えをした。最初は赤紫色《モーヴ》の繻子《しゅす》で、二度目には、青い絹の上にレースを貼った。それでも満足がゆかず、どうも面白くないというので、なお考えることにしたが、妙案も浮かばなかった。ソファのように低い刺し縫いのベッドには、二万フランもするヴェニスのレースがかけてあった。家具類は、白と青の漆塗りで、銀筋がはいっていた。絨毯がかくれるほど、たくさんの白熊の皮が散らばっていた。靴下を脱ぐのに床に坐《すわ》る癖がまだ抜けないナナの気まぐれというか、趣味のせいだった」

ちなみに、「二万フランもするヴェニスのレース」というのは、十九世紀の一フランが一〇〇〇円に相当するから、二〇〇〇万円ということになる。他の家具や寝具の値段は書いていないし、屋敷そのものの購入価格も記されていないが、このレースの二〇〇〇万円から想像するに、全体ではどれくらいの費用がかかったのか、「想像を絶する」という言葉のみがふさわしい。

もっとも、屋敷や家具の費用は書いてはいないが、馬車や馬、それに御者や厩舎などにかかったそれはちゃんと記されている。

「ふた月目には、家の整備ができた。車馬類の費用は三十万フランを超えた。厩《うまや》には馬が八頭、車庫には馬車が五台あり、そのうちの一台、銀をちりばめたランドー馬車は、一時パリじゅうの評判になった。そしてナナは、玉の輿に乗って、この豪奢《ごうしゃ》な生活になじんでいった」

馬車関連の諸費用がひっくるめて三〇万フラン（三億円）というのは、なかなかすごいが、馬車が五台あるというのだから、それくらいの費用はかかるだろう。というのも、当時、馬車は高級品なら最低三〇〇〇万円くらいはしたので、破格に豪華なランドー馬車を含めてならその程度の金額には容易に達しただろうと思われるからである。

では、こうした超豪華な屋敷に住むナナの生活費はどれくらいだったのだろうか？

「先《ま》ず、ナナは伯爵をうまくまるめ込んだ。二人の間のプログラムをはっきり決めた。伯爵は、贈り物は別として、月々一万二千フランを与え、その代償として、絶対に他の男を持たぬことだけを要求した。ナナは忠実を誓った。しかし、彼女は、自分に対する尊敬と、一家の主人としての全き自由と、自分の意志の完全な尊重とを要求した。そうなると、彼女は毎日でも友だちを呼ぶことができるし、伯爵は定めの時間にだけ来ることになる」

ナナの「自由」に関してはさておいて、「手当」だけを見てみると、一ヵ月一万二〇〇〇フランだから一二〇〇万円、一般常識からするとベラボウな金額だが、しかし、当時の高級娼婦の相場からすると、それほどに破格のものではない。少なくとも、この金額では、ナナの羽目を外した浪費をまかなうことは不可能だろうと想像される。

案の定、ナナはすぐに手元不如意に陥るが、そうしたところに、運よく、第二のパトロン志願者が登場する。

「ある夜、しかも、ナナがミュファに対し、口をすっぱくして彼一人を守ると固く誓った晩に、彼女はグザヴィエ・ド・ヴァンドゥーヴル伯爵を泊めてしまった。彼は、二週間前から、幾度となく訪ねて来たり花を届けたりして、熱心に彼女に言い寄っていたのだ。ナナがそれに屈したのは、男にのぼせたからではなく、むしろ、自分が自由の身であることを自分自身に証明したかったからだ。その翌日、ミュファには言いたくない勘定書（つけ）をヴァンドゥーヴルが払ってくれた時、はじめて利害の観念が生まれたのだ。この男から、月に八千や一万の手当を引き出すことは容易だろう。そうすれば随分使いでのある小遣いになる」

しかし、ミュファ伯爵からの一万二〇〇〇フラン（一二〇〇万円）の手当に加えて、ヴアンドゥーヴルの八〇〇〇フラン（八〇〇万円）ないしは一万フラン（一〇〇〇万円）の援助を加えても、ナナの浪費を賄いきれなくなる。

そこで、ナナはある日、思い切ってミュファ伯爵に積もり積もった借金の清算を願い出るついでに、前々から欲しかったサファイアのアクセサリーをおねだりすることにする。ミュファ伯爵は、すでに相当額の財産を目減りさせていたので、手元に自由になる金は持ち合わせていなかった。しかし、ここで断れば、ナナは自分を捨てて、次のパトロンを探すだろう。そこで、妻名義の五〇万フラン相当の土地を売ることを考えたのだが、それには妻の署名が要る。さて困ったと思っていると、ラボルデットというナナのもとに出入りしている口利き屋のような男が八万フラン（八〇〇〇万円）なら融資できるというので、利息分の二万フランを加えて一〇万フラン（一億円）の手形を切ることにした。しかし、こうして、

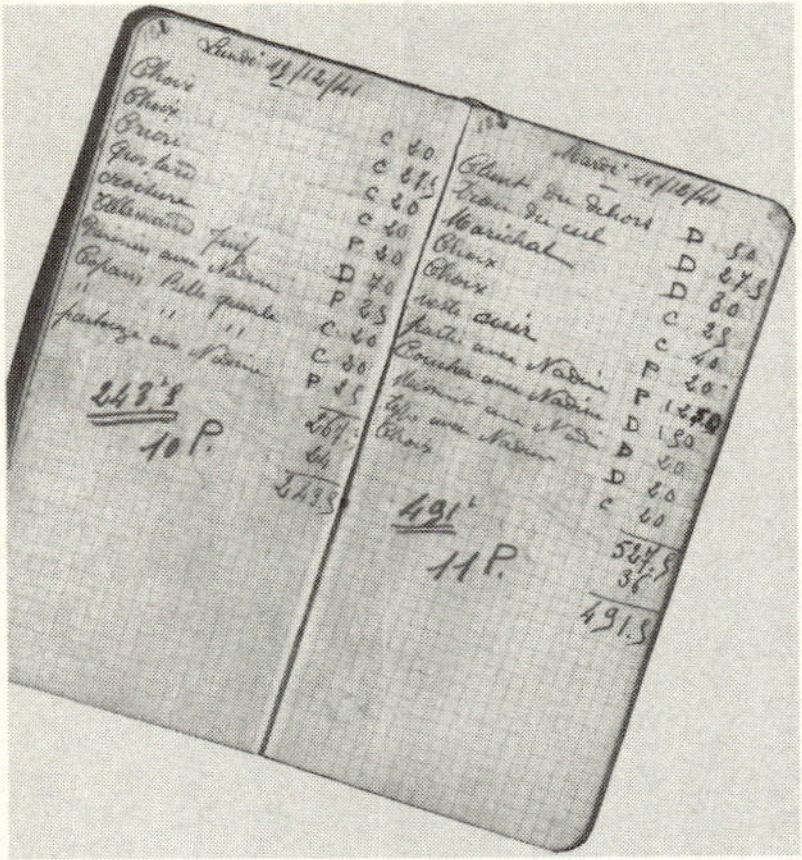

メゾン・クローズ住み込み娼婦の家計簿

ミュファ伯爵が死ぬ思いで用意した金も、すべてを蕩尽《とうじん》しつくさずにはいられないナナという浪費マシーンにかかってはひとたまりもない。

手形の引き落とし期日はすぐにやってきた。ミュファ伯爵が意を決して妻に土地の売却を訴えると、夫の浮気に対抗して自分も不倫を重ねて男に貢ぎ、浪費に精出していた伯爵夫人は土地の売却に渡りに船で応じたので、このときはなんとか危機は回避できたが、しかし、そんなことで浪費マシーン「ナナ」の勢いを止めることはできない。ゾラはそのすさまじいまでの蕩尽ぶりをこんなふうに描いている。

「その頃は、ナナがますますすばらしい女となって、名声パリを圧した時期だった。悪徳の方でも更に輪をかけた存在となり、その贅沢ぶりや金銭蔑視《べっし》の風を人もなげにひけらかして、この都会を見くだし、多くの男の財産を公然と湯水のように蕩尽した。彼女の屋敷は、さながら鍛冶場《かじば》のように輝いていた。彼女の絶え間ない欲望は焔《ほのお》ともえさかり、黄金は彼女の唇のかすかな息吹《いぶ》きにあうとたちまちこまかい灰に変って、時々刻々風に吹きちらされるのであった。なんぴとも、かつてこれほどの気違いじみた濫費《らんぴ》を見た者はなかった。屋敷はまるで深淵《しんえん》の上に建てられているようなもので、男たちは、その富と肉体とともに、その名前までそこに呑みこまれ、わずかな塵さえあとにのこさなかった」

では、このナナの途方もない浪費によってどれくらいの金額がドブに捨てられたのかというと、それはおおよそ次の通り。

「帽子屋に二万フラン（二〇〇〇万円、以下、日本円換算は筆者）、下着屋に三万フラン（三〇〇〇万円）、靴屋に一万二千フラン（一二〇〇万円）、廐にも五万フラン（五〇〇〇万円）かかった。仕立屋の勘定は、六ヵ月で十二万フラン（一億二〇〇〇万円）にのぼった。ラボルデットが平均四十万フラン（四億円）と見つもった暮らしの費用は、増やしたつもりもないのに、この年百万フラン（一〇億円）にも達していた。ナナもこの金額にはびっくりしたが、それがどこに消えたのかはっきり言うこともできなかった。男たちは次から次に金を巻きあげられて、死屍《しし》累々と横たわったが、彼女の贅沢に地響たてながら屋敷の床下にたえず掘りさげられてゆく穴をうめることはできなかった」

ではなにゆえに、ナナ自身にもわからないこれほどの濫費が行われているかといえば、それは、中間搾取しようとする寄生虫たちがたくさんナナに取り付いていたことが一つの理由に挙げられる。出入りの業者によって作成される勘定書には幾重にもキックバックが乗せられていたのである。

「ヴィクトリーヌとフランソワは、料理場で主人顔をし、かなりの人数の親類に冷肉や肉入りスープをとどけて養ったばかりでなく、多くの人たちを料理場に招いて饗宴《きょうえん》をはった。ジュリアンは、出入り商人に手数料を要求したので、ガラス屋たちは三十スーのガラスを一枚入れれば二十スーを勘定書につけたして、それを彼にやった。シャルルは、馬の食う燕麦《えんばく》を食いものにして、買入れの数量を二倍にまして、表門から入ったものを裏口から売りとばした」

しかし、そうした中間搾取以上にナナの理不尽な浪費が金額のケタを一つどころか二つも三つも増やしていたのである。

「一万フラン（一〇〇〇万円）もしたドレスも、二度ほど着たばかりでゾエに売り払ってしまわれたし、宝石類は引出しの底でくだけちったように消えてしまった。馬鹿《ばか》げた買物も流行の品々も、翌日は片隅におき忘れられ、街路に掃き出された。ナナは何かひどく高価なものを見るとすぐ欲しくなり、こうして、たえず花や高価な骨董品《こっとうひん》を買ってはそのへんに置きちらかし、一時の気紛れが高くつけばつくほど、うれしかった」

この最後の言葉に注目しよう。ナナは、浪費を一つの快楽としてやっているのだが、しかし、そこには、若い女の子の浪費願望以上のものが潜んでいたのである。

それは、自分に言い寄って肉体を求めてくる男どもに対する軽蔑だったのである。

「怒っている時以外に彼女の心を占めているのは、常に活潑な浪費欲と、金を出してくれる男に対する生まれながらの軽蔑と、情夫の金を湯水のように使って破産させることを誇りとする、飽くなき搾取家の絶え間ない気紛れだった」

つまり、ナナにとっては、浪費というのは、言い寄ってくる男たちを次々に破産させるという「誇り」、私の用語でいえば、高級娼婦としての「ドーダ心（ドーダ・すごいだろ・まいったか！）」を原因としていたのである。

かくして、ナナは、ドーダ心を満たすために浪費に拍車をかけ、並み居る金満家たちを破産させていく。

「ナナは数カ月のあいだ次々に彼らをむさぼり食った。奢侈《しゃし》な生活のますます増大する需要のために、彼女の欲望は熾烈《しれつ》となり、彼女は一口で男を丸裸にした」

『ナナ』を読むと、ヴェルナー・ゾンバルトの『恋愛と贅沢と資本主義』の正しさを痛感するようになる。

十九世紀の経済発展は、ナナのような高級娼婦の浪費がこれを下支えしていたのである。

高級娼婦への道

古くはクルティザーヌ courtisane、七月王政期にはロレット lorette とかココット cocotte、第二帝政期にはドゥミ・モンデーヌ demi-mondaine あるいはリヨンヌ lionne、そして第三共和政期にはグラン・ドリゾンタール grande horizontale などと呼ばれたファム・ギャラント、つまり高級娼婦というものの存在は、その訳語のせいか、どうも日本では正しく理解されていない。そこで、この項では、高級娼婦の実態に当たりながら、定義を試みてみよう。

高級娼婦は、金銭を媒介としてアムールを（組織に属さずに）売るという点では私娼と同じだが、その売り方とやりとりされる金額は、「いわゆる私娼」とは大きく異なっている。こうした高級娼婦を定義して、アラン・コルバンは次のようにいう。

「この女たちはみな自宅で個別に、また、アパルトマンを借りている場合でも、各自都合のよい時間帯を決めてそれぞれ客をとるのである。あるいはそのなかの最も裕福なものは一戸建ての邸宅に住んでいる例が往々にしてある。

彼女たちの顧客はもっぱら金持ち連中で、外国の貴族、金融界や産業界の大ブルジョワ、パリの『ボンヌ・ブルジョワジー』のメンバー、および容色の盛りを過ぎた娼婦たちのお得意客であった地方の金持ちらがそうであった。ファム・ギャラントは正真正銘の娼婦(ボンヌ・クルティザンヌ)の身分だが、相手を選《え》り好みし、金ずくでは動かないので、自発的に身を捧げている幻想にとりつかれることもあり、時には、特定の愛人一人だけにしぼってしまう。だが、それは次第にあまりやらなくなって、最もよくある例としては、たくさんの愛人を会員組織で共有し、鑑札もちの街娼たちの一部がやっているように、各自、相手の一人ひとりに昼とか夜とかの時間をそれぞれ割当てて稼ぐのである。ファム・ギャラントは、絶対に街頭の客引き行為はしない。当時の流行語でいうと、『通りがかりの男(ラクロシャージュ)にちょっと声をかける』ことはやらないのである。彼女たちは上流社会の婦人を装って、気に入った相手に身を委《まか》せる」(アラン・コルバン『娼婦』杉村和子監訳　藤原書店)

エミリエンヌ・ダランソン

この定義の中で第一に注目すべきは、選択権の問題である。

すなわち、私娼には客を自由に選ぶ選択権はないか、あっても限られているのに対し、高級娼婦の場合には、選択権は完全に自分にある。いいかえると、気に入らない男にはアムールは売らないのである。もちろん、その「気に入らない」という言葉には相手が差し出す金銭の多寡《たか》という要素も入っている。しかし、それでも、選択権が自分にあることに変わりはない。嫌いな相手なら、いくら金を積まれても首を縦に振らない権利は持っているのである。

この選択権の自由がじつは、アムールの売買代金の「高さ」を保証しているのである。なんのことかというと、高級娼婦の世界というのは、売り方（娼婦）の側に選択権が握られているがゆえに、基本的に常に「売り手市場」であり、買い方となる男の数の増減によって多少の差は生ずるにしても、市場は青天井、つまりアムール売買代金の上限はないのが普通だ。

その青天井ぶりは、バルザック、フロベール、デュマ・フィス、ゾラ、ドーデなどが描いた通りである。現実にも、第二帝政期のパイーヴァ、アンナ・デ・リオン、第三共和政期のリアーヌ・ド・プージィ、エミリエンヌ・ダランソンなどの贅沢ぶりは、当時のジャーナリズムの格好の話題となった。

だが、しかし、ここで、われわれアムール・ヴェナル（金銭を媒介にした性愛）の研究家は、一つの大きな問題を前にして、立ちすくむことになる。

高級娼婦が、客の選択権を有しているという点から出発して、普通の私娼とは違う存在になっていくということはわかったが、では、その選択権というのはいったいどこから生まれてくるのか？

なぜなら、選択権を有するには、すでに金銭的な余裕がなければならないはずだが、初めから金を持っている女が「敢えて」アムール・ヴェナルに身を委ねるということは原理的にありえないからである。

アムール・ヴェナルに踏み切るには、やはり、金に困っている、あるいは贅沢がしたいのに手元不如意という現実がなければならない。

しかし、この原初的条件においては、高級娼婦も普通の私娼となんら異なる点はない。いいかえると、高級娼婦も、最初は普通の私娼であり、選択権はなかったということになる。では、いったい、普通の私娼と高級娼婦とが袂《たもと》を分かつ岐路はどこにあったのか？

じつは、これこそが、高級娼婦を巡る最大の問題であり、これが解けなければ、高級娼婦の実態をうんぬんしても、ほとんど意味がないのである。

以下、この点について、実例に即して考えてみよう。

まず、実例として挙げてみたいのは、高級娼婦といえば必ず名前が出るマリー・デュプレシス（本名、ローズ＝アルフォンシーヌ・プレシー）。いうまでもなく、アレクサンドル・デュマ・フィスの『椿姫』のヒロイン、マルグリット・ド・ゴーティエのモデルである。

マリー・デュプレシスはいかにして高級娼婦（当時のいいかたならドゥミ・モンデーヌ）になったのか？

この問題を解くための格好の参考書となるのが、マリー・デュプレシスの詳細な伝記であるミシュリーヌ・ブーデ『よみがえる椿姫』である。

それによると、マリー・デュプレシスも、多くの高級娼婦と同じく、地方都市（ノルマンディー地方）の下層中産階級（下級商人、職人）の出身であるという。

なぜ下層階級（貧農、および肉体労働者）ではなく、下層中産階級の出身者が多いのかといえば、それは下層階級ではままならない読み書きソロバンの知識を、下層中産階級の親たちは、最低限の教育として娘たちに与えることが多いからだ。いいかえると、これはと狙いをつけた男に恋文が書けないような非識字階級出身の女性では、私娼あるいは公娼とはなりえても、高級娼婦にはなれないのである。

というわけで、高級娼婦になれるかなれないかの分かれ道は、親に娘を小学校ないしは教会学校に通わせるだけの資力ないしは文化的見栄があったか否かということになる。この点、同じ地方でも、農村部よりも都市部の方が好ポジションに位置しているということになる。

マリー・デュプレシスでいえば、父のマラン・プレシーは地方の行商人で、行商人のイメージによくあるように、金があれば酒場に入り浸って、酔っ払うと女房や子供を殴りつけるDV亭主だった。その結果、母親は二人の娘をつれて家を出るが、過労がたたって若くして死んでしまう。父親は、しかたなく、娘を引き取るが、そのうちに、娘が人並み以上に美しいことに気づく。この時代の飲んだくれの父親のモラルというのは恐ろしく低かったから、娘の美しさは金になると目をつけたようだ。ミシュリーヌ・ブーデは、かなりの想像を交えながら、娘と父親が近在の大きな町であるエームまで足を延ばしたときのことをこんなふうに描いている。

「［エームの町には］偉い人たちや裕福なお金持ちが住んでいるのだ。きれいな部屋には蠟引《ろうび》きの匂いがする家具が飾ってある。お昼時には、よく煮込んだ料理が台所でおいしそうな湯気を立てる。などとマランが口達者に話してきかせる。その指さす方向をアルフォンシーヌの目が追う。いつの日か自分も美しいスカートをはき、新しいブラウスを着て、おなかいっぱいご飯が食べられたら……。

できない相談ではない、と父親が言う。ちょっとだけお利口にすればいいのだよ。ひとつこれからある『だんな』のところに連れて行ってあげよう。先方に気に入られたら、きっとよくしてもらえるよ。先方とは、フール・バナール通りに住み、プランチエとかと名乗る七十代の老人であった。

老人はアルフォンシーヌがとても気に入り、日曜をいっしょに過ごして、月曜の朝に勤め先の洗濯屋に帰す時には、ポケットにぴかぴかの金貨を一枚入れてやった。こうして田舎娘は『お利口』をお金に替えることを知ったのである」(ミシュリーヌ・ブーデ『よみがえる椿姫』中山眞彦訳　白水社　以下、同書)

こうして娘が「お利口」にしていて稼いだ金で父親は酒代や家賃を捻出《ねんしゅつ》できるようになる。しかし、まだ、地方都市でも、その規模が小さかったのか、「お利口」は小遣い稼ぎにはなっても、父親に起死回生の転機をもたらすようなことはなかった。そのため、父親は娘を洗濯屋、下着屋、傘屋などに奉公させるが、あるとき、傘屋をやめさせ、自分の家に連れ帰った。

「暴力はなかった。ただ、マランの小屋はやたらに寒い。アルフォンシーヌはその美しい黒髪を解いて、父親の身体に身を寄せる。やがて二人の体温が混じりあう……農家の従僕に乱暴に襲われたり、プランチエ老人のぞっとしない愛撫《あいぶ》を受けたアルフォンシーヌが、美男の父の腕の中で、地獄の王プルトンの妻プロセルピナの気持ちにならなかったと誰が言えよう。

地獄に落ちた二人をめぐって、土地の人々の陰口は尽きなかった。(中略)いずれにせよここで『道を踏み外した娘と恥ずべきその父』のパリ行きがある。当時の大衆演劇にはまさにうってつけの題名だ」

こうして、パリに出た父と娘は、大都会の喧噪《けんそう》に途方にくれるが、父親には目算があった。母方の親類で、レ・アール（中央市場）近くで八百屋をしている小金持ちのヴィタールという男に娘を預けようというのだ。

「マランは娘に値をつける。けちなことは言うなよ、親戚《しんせき》のよしみじゃないかと、例の口達者で話をまとめると、お礼の言葉もそこそこに、実入りをひっつかみ、さっさと消え失せる。おそらくその足で酒場に行き、女の子を膝《ひざ》に乗せながら、いけにえの娘の健康を願って乾杯したのである」

ミシュリーヌ・ブーデが種本にしているのは、マリー・デュプレシスの死後かなりたってから、彼女の幼友だちだったと称するロマン・ヴィエンヌという男の書いた最初の伝記であるが、しかし、その種本がかなりいいかげんだったとしても、パリに来るまでのマリー・デュプレシスの「情事の履歴書」は、それほど違っているとは思えない。

いいかえると、後に高級娼婦として君臨した姫君たちの少女時代はどれも似たり寄ったりで、まず親に死に別れるか、捨てられるかして、自分の美貌《びぼう》と肉体を武器に生活費を稼ぎ出さなければならなくなったのである。

しかし、問題は、高級娼婦に限らず、後に私娼となる娘も、あるいは公娼となる娘も、ここまでの経歴はほとんど同じで選ぶ余地がないということだ。つまり、ここではまだ娘たちは、高級娼婦コースとそれ以外に分岐していないということだ。

しからば、本当の分岐点はいったいどこにあるのだろう。

続いて、高級娼婦として大化《おおばけ》するまでのマリー・デュプレシスの足跡をたどってみよう。

娼婦の「向上心」

マリー・デュプレシスことアルフォンシーヌは、まだ高級娼婦の稼業に足を踏み入れてはいない。いや、そのとば口である私娼にすらなってはいない。

だが、私娼予備軍であるグリゼットと呼ばれる貧しいお針子の一員にはなっている。すなわち、父親からアルフォンシーヌを預けられた親戚の青物商ヴィタール夫妻は、贅沢好きで食いしん坊のこの娘を持て余し、知り合いの洗濯屋バルジェ夫妻の店に奉公させることにしたが、そこをすぐに首になり、今度は婦人服仕立て屋、ユルバン夫人の店に住み込みで働くことになったのである。

では、このお針子（グリゼット）という職業がなにゆえに娼婦稼業への入口となることが多いかといえば、それは仕立てる高級婦人服を介して社交界の贅沢な生活に触れるからである。

「ギピュールの厚手レースを縫い合わせたり、極薄地の絹のチュールで帽子をこしらえたり、クレープ生地の被《かぶ》りものを作ったり……ひだがふわふわとした『ショール』をお客が羽織るのを、アルフォンシーヌは息をのんで見守る。
貴婦人の衣装一着のために、なんと十四メートルの布地がいることを彼女は知った。彼女の服なら木綿一枚ですむというのに」（ミシュリーヌ・ブーデ『よみがえる椿姫』中山眞彦訳　白水社）

この「木綿一枚」の布からできた裁縫女工《お針子》の服は、たいていが汚れが目立たないように青みがかった灰色（gris）に染められていたので、灰色の服を着た娘という意味でグリゼット（grisette）となったのである。

ところで、グリゼットたちが仕立てている高級婦人服の値段に比べて、彼女たちの賃金はおそろしく安い。それに朝から晩までの重労働だから、夜になればアトリエのある建物の屋根裏部屋に帰って寝るだけである。

そんな彼女たちにとって、唯一の楽しみが日曜日。野外のダンス場所「グランド・ショミエール（ラ・ショミエール）」か「クロズリ・デ・リラ」、あるいは室内ダンス場の「プラド」で一日中、踊り明かすか、さもなければ、郊外にピクニックに行くのである。

こうしたグリゼットの日曜日の生態に詳しいのは、『ミミ・パンソン』や『フレデリックとベルヌレット』などの短篇を書いたアルフレッド・ミュッセである。

「ラ・ショミエール」はいわばカルチエ・ラタンのチボリにあたり、学生やお針子仲間が落ちあう所である。上流人士の出入りする場所というにはほど遠いが、娯楽場の一つにはちがいない。お客はビールを飲み、ダンスを踊る。あけすけで時としていささかうるさいほどの快活さが皆の気分をかきたてる」(「フレデリックとベルヌレット」朝比奈誼訳『世界文学全集18　ヴィニー／ミュッセ』筑摩書房)

「はちきれんばかりにお針子を満載して、ラヌラーやベルヴィルに向うあの大きな乗合馬車のことを考えてみたまえ！　休日ごとにサン・ジャック街から繰り出す人数がどれだけいるか考えてみたまえ。帽子屋のお針子の大部隊、下着屋のお針子の大軍、煙草売り子の群れ。皆お楽しみなんだよ。皆それぞれに恋人があるんだよ。田園の青葉棚の下に寝そべろうとして、雀の群れがとびたつように皆パリの郊外へ出かけていくんだよ」(「ミミ・パンソン」同右)

では、グランド・ショミエールや郊外に楽しみを求めに行くグリゼットたちは、いったいどのような恋人の腕にすがっているのかといえば、それは大別して二種類あった。

一つは、いま金はないが、将来は弁護士や医者になるのが確実なパリの大学生。

もう一つは、身分こそ低いが、金ならたくさんあるプチブルの商店主や工場主。

前者を選んだグリゼットの多くには、たとえば『レ・ミゼラブル』のファンチーヌやミュルジェールの『ボヘミアン生活の情景』のミミのように、悲劇的な人生が待っていたが、後者を選んだ賢いグリゼットには、意外に明るい展望が開けていたようだ。

アルフォンシーヌはといえば、当然、後者の方である。

日曜日、例によって郊外に出掛けようとしていたアルフォンシーヌとその仲間のグリゼットたちは、あいにくの雨で、しかたなくパレ・ロワイヤルをうろつくが、そのうちにお腹がすいたので、一軒のレストランに入った。しかし、大衆的に見えてもそこはパレ・ロワイヤルのレストランであるから、グリゼットたちの来る場所ではない。ボーイたちは意地悪そうに給仕をするので、居心地が悪くなる。

しかし、そんな彼女たちの怯《おび》えた様子をかえって可愛らしく感じたのか、レストランの店主のノレ氏が救いの手を差し伸べる。

「若い女工たちに興味を抱いてテーブルに近づき、楽しい食事のしめくくりに銘酒ブルゴーニュ・ワインなどはいかが、と言う。（中略）娘たちはしばらくためらっていたが、おごってもらえるのだとわかって安心し、ちょうだいすることにした。（中略）アルフォンシーヌはほかの二人とは違って、男の目つきを読み取る術《すべ》をすでに知っていた。この店主が自分をじっと見つめる目が何を言いたいのか、もはや疑問の余地はない」（ミシュリーヌ・ブーデ『よみがえる椿姫』中山眞彦訳　白水社　以下、同書）

こうしてアルフォンシーヌは、パレ・ロワイヤルのレストラン店主の囲い者となり、小ぎれいなアパルトマンをあてがわれ、グリゼット憧れの身分に納まる。とりあえず、高級娼婦への道の第一段階をクリアーしたのである。

だが、ここから先こそがじつは、本当の運命の分かれ道なのだ。というのも、グリゼットによっては、これをあくまで最終ゴールと考えて自らの境遇に甘んじてしまう者もいるからだ。しかし、アルフォンシーヌはちがった。ミシュリーヌ・ブーデはその「向上心」をこんなふうに描いてみせる。

「アルカード通りのマンションは、元プレシーの娘が世間の高みへと飛翔するための踏み台にほかならなかった。つまり自分の未来をそこで下書きしたのである。ドレスが二、三着、真珠の首飾りが一個、大判のルイ金貨が数枚。いざこれを持ってみると、もっともっと欲しい、ほかの品物も欲しい、という気持ちになる。娘は、わが身を飾ることでも、愛人の容貌《ようぼう》でも、この世の最高の美を渇望したのだった」

この「向上心」が、ただの囲われ女あるいは私娼にとどまる者と、高級娼婦を分かつ要素である。わらしべ長者になるには、つねにネクストを考えていなくてはならないのだ。

では、アルフォンシーヌにとってのネクストとは何だったのか？

ブルジョワや学生だけしか来ないグランド・ショミエールなどではなく、もう少し高級な舞踏会である。

さいわい、アルフォンシーヌとパトロンがよく行くプラドでは、月曜日と木曜日だけに限って、ロトンドと呼ばれる場内の円形ダンスホールで、招待状を持った客だけの舞踏会を催していた。

「そこには、イヴニングドレスやビロードの帽子や毛皮のコートで着飾った婦人たちが集まる。最新のモードと超豪華な宝石類が見られるのはそこだ。アルフォンシーヌの熱望する世界がそこにある。

愛人のたっての願いをノレが断るはずはなかった。それどころか、奇跡のように美しいこの娘を、おれのものだぞと人々に見せつけることは、彼の虚栄心を大いに満たしたのである」

この「環境」が重要なのである。たんなる囲われ女あるいは私娼から高級娼婦へと駆け上がるには、上流階級の男たちと知り合わなければならないが、しかし、知り合うためには、知り合えるような「環境」に身を置くことができなければならない。プラドの舞踏会はまさにこうした願ってもない「環境」だったのである。

「すれちがう人の体が触れる。このような美女がはじめてここに現れたのに驚いた男たちが、熱い視線を通して賞賛の気持ちを送ってくる。（中略）アルフォンシーヌは、レストラン店主に腕をあずけたまま大ホールを横切り、憧れのダンスの輪の中に入る。あでやかな婦人たちにまじって初めはおとなしいカドリーユを踊ったが、やがて必ずしも上品とはいえないカチューシャ踊りに移る。アルフォンシーヌは楽しくてたまらなかった。パトロンは息をきらして、もうかんべんしてくれと言いながら、長椅子に倒れこんでしまった。

ここに運命の一瞬が訪れる。さきほどすれちがったダンディ、すなわちグラモン公爵の子息アジェノール・ド・ギッシュが、プレシー嬢に向かって、ワルツのお相手をすることをお許しいただけますかと申し出たのだ。安レストラン店主に腕をとられてダンスの輪に入ったアルフォンシーヌは、貴族に腕をあずけて舞踏の夕べを閉じたのだった」

ひとことでいえば、上流階級の男が顔を出す舞踏会こそが、わらしべ長者への近道だったのである。

おまけに、アジェノール・ド・ギッシュは、絵に描いたような美貌のダンディで、午前中はチュイルリ公園で散歩し、昼食は流行の「カフェ・アングレ」で取り、午後はブローニュの森を馬車で散策して、夜になれば一分のすきもなく着飾った燕尾《えんび》服に身を固めてオペラ座に観劇に行くというファッショナブルな生活をしていた。アルフォンシーヌが一目惚《ぼ》れして、レストラン店主から馬を乗り換えようと決心したのも当然である。

しかしながら、アルフォンシーヌが、この出会いでいきなり高級娼婦マリー・デュプレシスに変身できたかといえば、まだその段階に至ってはいない。

なぜならば、もし、上流社会に入り込むきっかけとなったこの「入口男」が、たんなる遊び好きのダンディでしかなかったら、高級娼婦マリー・デュプレシスが誕生できたかどうかは保証の限りではないからだ。

いいかえると、アジェノール・ド・ギッシュは、他のダンディとは異なる、ある特質を持っていたということだ。「女を磨く」教育者としての素質である。

「アジェノールはこの若い美女にすっかり心を惹《ひ》かれて、夜の快楽だけでは満ち足りないものを感じるようになった。傲慢《ごうまん》無礼な快楽主義者、『貴族の身分につきものの偏見以外はなんの偏見ももたない』彼が、愛人を自分と同じまで高めることに名誉をかけたのである。アルフォンシーヌは良い家庭教師をつけてもらって勉強を始め、生まれつきの物覚えのよさも手伝って、またたくまに読み書きを覚えた。彼女が初めて書いた手紙、とくにその最後の文句『あなたを愛する物より』をその後の、間違いがまず見つからない手紙と比べてみれば、格段の進歩の跡がうかがえる。

オルヌ河ほとりの田舎育ちのわが美女にとって、この一年は実に決定的な年であった。音楽を習い、読書に耽《ふけ》り、行儀作法の特訓を受け、会話の術も上達した」

この指摘は、美貌と肉体にだけ恵まれたたんなる囲われ女や私娼が、どのような過程を経て、高級娼婦へと変身をとげるのかについての考察にまたとないヒントを与えてくれる。すなわち、たんに上流の男に囲われて「金」を得ただけではダメで、その男を介して「文化」を受け取らなければならないのだ。「文化」の有る無しこそが、低級娼婦と高級娼婦を分かつ最大の指標である。換言すれば、「入口男」に教育者としての側面があるか否かが、低級から高級へステップ・アップできるかの分かれ道なのである。

アルフォンシーヌは幸運にも、アジェノール・ド・ギッシュという教育者を得て、一気に上昇気流に乗っていく。

入口男とバイパス女

低級娼婦が高級娼婦へと変身をとげるには、文化を授けてくれる教育者としての「入口男」が不可欠と述べたが、『椿姫』のマリー・デュプレシスの一例だけでは、この定理を証明するのに十分ではないという批判の声が聞こえてきそうなので、ここでは他のサンプルも取り上げて検討を加えてみることにしよう。

第一は、マリー・デュプレシスと同時代に、パリのドゥミ・モンド（半社交界）に君臨したラ・パイーヴァ。

一八一九年にモスクワのユダヤ人ゲットーにテレーズ・ラックマンとして生まれたこの貧しい娘が、ポルトガル貴族のパイーヴァ侯爵と結婚し、ラ・パイーヴァとなってナポレオン三世を始めとする社交界の大物すべてを征服したあげく、バブル景気に沸く第二帝政の時代に今日でもシャン＝ゼリゼに残る大邸宅を建設した「伝説」は、恋の歴史の一頁を飾るものだが、このラ・パイーヴァもまた、教育者の役を買って出た入口男の存在が、運命を決定づけたのである。

十六歳のときにフランス人の仕立て屋と結婚して一児をもうけたラ・パイーヴァは、満たされぬ「女の野心」を実現するには大きな都に出るしかないと心に決め、コンスタンチノープル、ロンドン、ベルリンと渡り歩いてからパリにやってきた。一八四一年、二十二歳のときだった。

夫がフランス人だったので、なんとかフランス語を話すことはできたが、すがるべき伝《つて》が一切ない娘にできることといったら、路上で春を鬻《ひさ》ぐことしかない。

ある晩、懐に一文もなく、穴のあいたドレスを着てシャン＝ゼリゼのベンチに座ったまま、満艦飾の高級娼婦を誇らしげに同乗させた大金持ちの馬車の行き来をボンヤリと眺めていると、隣に一人の優男が座って話しかけてきた。男はアンリ・エルッと名乗った。後に有名なピアニストとなる、ハインリッヒ・ヘルツである。

ハインリッヒ・ヘルツは、まだ駆け出しで、名声も金も持っていなかったが、知識と教養だけはふんだんに身につけていたので、偶然見知ったこの貧しい私娼に、愛情とともにこの二つを惜しみなく分け与えた。

これが、ラ・パイーヴァにとって最大の財産となるのである。ラ・パイーヴァは自伝で、アンリ・エルッとの出会いをこう語っている。

「このときの彼の親切な態度を、私は生涯決して忘れないだろう。その晩私は、心に誓った。いつか私も金持になり、パリを征服してやろう。そして、この裸同然の、腹ペコの時代に見た廃屋の場所に堂々たる御殿を建ててやるんだ」(ギー・ブルトン『フランスの歴史をつくった女たち 10』曾村保信訳 中央公論社)

アンリ・エルッツとの同棲《どうせい》生活のあいだに知識と教養を蓄えたラ・パイーヴァは、エルッツと別れた後、社交界の花形のイギリス人スタンリー卿の愛人となり、今度は、社交界への入場券を手に入れたが、ここでパワーを発揮したのが、ハインリッヒ・ヘルツから仕入れた文学・芸術などに関する知識とセンスである。

スタンリー卿の持つオペラ座やイタリア座のボックス席に身を置いたり、舞踏会でダンディたちを相手にステップを踏みながら、ラ・パイーヴァは会話の中で教養をさりげなく披露し、男たちに、自分の名前と顔を認知させることに成功したのである。いいかえると、この段階で、ラ・パイーヴァは「高級娼婦」の「鑑札」を得たのである。

浮気者のスタンリー卿は、新しい愛人ができると、ラ・パイーヴァに財産を残して去ったが、この別れはむしろ彼女にとって願ってもないチャンスだった。というのも、スタンリー卿は手切れ金としてかなりの財産を残してくれたばかりか、社交界の他の男たちをいろいろと紹介してくれたからである。

そうした男たちの中の一人が、ポルトガル貴族のパイーヴァ侯爵である。パイーヴァ侯爵はスタンリー卿よりも純情だったのか、ラ・パイーヴァにすっかり入れあげ、結婚まで口にするようになる。結婚へのネックは、ラ・パイーヴァがいまだにフランス人の夫と離婚していないことだったが、幸運なことに、一八五一年、夫の死亡が確認されたので、テレーズ・ラックマンは晴れてパイーヴァ侯爵夫人、通称、ラ・パイーヴァとなった。

パイーヴァ侯爵は妻の贅沢三昧の生活についに白旗を掲げ、破産して祖国に戻ったが、この離別は、ラ・パイーヴァの市場価格をさらに吊り上げることとなる。ラ・パイーヴァはこれにより、次にだれが落札に名乗りを上げるか、パリの社交界が興味津々で見つめる類いの高級娼婦の中の高級娼婦、すなわち「スーパー高級娼婦」の座を獲得したのである。

そんなスーパー高級娼婦となったラ・パイーヴァにとって、どうしても実現したい夢があった。若き日に自分に誓った、シャン＝ゼリゼの豪邸建設である。

ある夕暮れのこと。流行作家のアルセーヌ・ウーセと連れ立ってブローニュの森の散策に出掛けた帰り道、シャン＝ゼリゼを通りかかったラ・パイーヴァは、かつてその近くで自分が立ちん坊をしていた廃屋を指さし、「あそこで私は昔、自分に約束したのよ」と思い出を語った。

それを聞いていたウーセは、あの土地は、昨日、銀行家のエミール・ペレールから自分が買ったばかりだと打ち明けた。すると、パイーヴァはいくらで買ったのかは知らないが、買値の倍で買い取りたいと激しい口調で言った。驚いたウーセは、買値は二〇万フラン（今日のレートに換算して約二億円）だが、貴重なお話を伺ったのだから、同じ値段で譲ると申し出た。

こうして念願の土地を得たパイーヴァは、一八六五年から豪邸の建設に取り掛かり、十年がかりで完成にこぎつけた。この豪邸は、現在会員制のトラヴェラーズ・クラブの所有となっていて、許可さえあれば見学できるという。

マリー・デュプレシスは、小説のヒロインとなることで伝説を残したが、ラ・パイーヴァはその上に豪邸まで残したのである。スーパー高級娼婦といわれる所以《ゆえん》である。

ラ・パイーヴァが第二帝政を代表するスーパー高級娼婦であるとすれば、第三共和政、とりわけベル・エポックを象徴するスーパー高級娼婦は、衆目の一致するところ、リアーヌ・ド・プージィということになるだろう。

リアーヌ・ド・プージィ

リアーヌ・ド・プージィは、プルーストが『失われた時を求めて』でオデットを造形するとき、そのモデルの一人としたといわれる「勝ち組ドゥミ・モンデーヌ」だが、彼女もまた低級娼婦から高級娼婦への道を歩んだとき、インテリの入口男と出会うことになる。

ツタンカーメンの王墓発掘のパトロンとして知られるカーナヴォン卿こと、第五代カーナヴォン伯爵、ジョージ・ハーバートである。

一八六六年に生まれたカーナヴォン卿は、ケンブリッジのトリニティ・カレッジで学んだ後、見聞を広めるためと称して、一八八九年の万博景気に沸くパリにやってきたが、その目的はじつは別のところにあった。それは、イギリスのパブリック・スクールで厳しい教育を受けたことに由来すると思われるフラジュラシオン（鞭打《むち》ち）趣味を満たすことである。臀部《でんぶ》に鞭を当てる（あるいは当ててもらう）ことに特別の快楽を見出すこの趣味は、フランスでは「イギリス式教育 Education anglaise」と呼ばれるが、カーナヴォン卿はまさしくこのイギリス式教育の実践者であった。

リアーヌ・ド・プージィは自伝『わたしの青いノート』の中で、カーナヴォン卿についてこう語っている。

「カーナヴォンは変態だった。倒錯者だという噂だった。それでも彼はわたしを愛してくれた……。彼は甘美にして恐ろしい愛人、魅力的で、冷酷で、優雅な愛人だった」（ジャン・シャロン『高級娼婦　リアーヌ・ド・プージィ』小早川捷子訳　作品社）

カーナヴォン卿は、おそらく、さながら彫刻家が木や石の塊を見るだけでそこから彫り出すべき彫刻作品を見抜くように、流しの低級娼婦にすぎなかったリアーヌ・ド・プージィの中にマゾッ気のある女を見出し、これを自分好みの女に仕立てようと思ったのだろう。

そして、そのときに、ついでとして、リアーヌに知識と教養を分け与え、知らぬ間に、高級娼婦への道を敷いてやったのかもしれない。

あるいは、「イギリス式教育」の実践者によくあるように、鞭打つと同時に鞭打たれることもまた好んだカーナヴォン卿は、リアーヌを理想的な女王様に仕立てるために、それにふさわしい知識と教養を授けたのかもしれない。いずれにしても、リアーヌは、最初に当たった入口男がカーナヴォン卿のようなインテリの金持ちだったことで運が開けたのである。しかし、リアーヌ・ド・プージィの自伝や伝記を子細に読むと、高級娼婦へと彼女を導いてくれたのは、カーナヴォン卿だけではないことがわかる。

低級娼婦から高級娼婦へと転ずるには、もう一つ別のバイパスが存在するのである。

それはレスビアニスムというバイパスである。

いいかえると、インテリの道楽者のほかに、すでにその道を極め尽くし、男には関心を持てなくなったレスビアンの高級娼婦というものも、教育者になりうる者として存在するのである。リアーヌ・ド・プージィの伝記作者であるジャン・シャロンはこう書いている。

『わたしの青いノート』の中でリアーヌは、この生業《なりわい》を学び始めたパリでの最初の数か月については、ほとんど沈黙を守っている。彼女はただシャゼル街三十四番地の、ある女友だちの家の一階に住んでいたこと、その向かいにルイーズ・バルティの邸があり、彼女のエレガンスと、アストラカンのジャケットに目を見張ったと、述べているだけである。

レズビアニスムを描いた1900年のポストカード。

（中略）『わたしの青いノート』の中で、リアーヌが口をつぐんで語らなかったことがある。実はシャゼル街三十四番地の『身持ちの悪い』女友だちは、自分の魅力を売り物にして生きていたのである。おそらくこの女友だちから、リアーヌはその職業のいろはを教わったのだろう」

娼婦稼業のいろはを教えるために、この女友だちは、実際に肉体を使っての体験授業をしたにちがいない。娼婦が本当の快楽を味わうには同性からしかないというのは常識であるからだ。しかし、この「女友だち」に、リアーヌが高級娼婦に変身するための知識と教養があったとは思われない。それは、別の女友だちから与えられたのである。

「シャゼル街は当時、裕福な『ココット』の多くが住むプレーヌ・モンソーにあった。その一人がヴァルテス・ド・ラ・ビーニュであった。ヴァルテスは、ゾラが『ナナ』という人物を創造するにあたって霊感を得た女性であり、ナポレオン三世の最後の愛人の一人であった。（中略）偉大なクルチザンヌとして一世を風靡したヴァルテスは、『腕が落ちないように』、当時でも数人の客を抱えていたが、実は仲介役のほうが好きだった。彼女がリアーヌに色の道の奥義を、外国人が『パリ風』だとして喜ぶさまざまな秘伝を、伝授したに違いない」

「入口男」と「バイパス女」。低級娼婦が高級娼婦に変身をとげるには、この二つの道のいずれか、あるいは両方を通っていかなければならないことだけは確かなようである。

男の破滅願望と高級娼婦

知識・教養の授与者としての「入口男」と、色道の奥義を授けるレスビアン友だちという「バイパス女」に遭遇することによって、見事、低級娼婦から高級娼婦へと変身をとげたわれらがヒロインたちだが、しかし、それだけでは、高級娼婦として長いあいだ「営業」を続けていくことはできない。どうしても、商売の「勘所」のようなものを身につける必要があるのだ。そうでなければ、金満家たちの尻尾をしっかりとつかまえ、湯水のように金を浪費させることはできないはずだからである。

しかし、当然ながら、この勘所とはどういうものかを語ってくれた高級娼婦はほとんどいない。また、高級娼婦を小説のヒロインにすえた作家たちも、彼女たちの魅惑の淵源《えんげん》を解明しきったわけではない。

ところが、ここに、高級娼婦、それも「超」がつく高級娼婦の何人かから、その勘所を聞き取って、それを文章として残しておいてくれた貴重なドキュメントがある。

シドニー＝ガブリエル・コレットの『わたしの修業時代』（工藤庸子訳　ちくま文庫）で

ある。

コレットはこの晩年の回想録の中で、ウィリーとの離婚後に自活を目ざし、ミュージックホールに出演していた時代に知りあった女優兼高級娼婦たちの思い出を語っているが、これらの高級娼婦たちは、いかにも頭の回転の速そうな後輩に向かって、金満家を翻弄《ほんろう》するためのコツをいくつか伝授してくれたようである。

たとえば、ザザという気っ風のいい女。彼女は「男にとっては緑ゆたかな牧場、万一にそなえた穀物倉のような女」の一人で、コレットの友人のAという男にとっては「友達のような愛人」で、Aは、ザザの中に「恋人らしくて情愛こまやかな心遣い、ゆきとどいた食事、夕刻のオレンジエード、荒れ模様の日の頭痛薬、そして惜しげなくあたえられる官能の悦び」を見いだしていた。ようするに、ザザはAにとっては、ファム・ファタルどころか、欠けることなきパーフェクトな愛人だったのである。

ところが、ザザとAのそんな完璧《かんぺき》な関係をうらやんだのか、Bという友人が、「ザザはまさしくファム・ファタルだよ。きみは奈落にむかっているんだぜ」と忠告した。

AはBの話を聞き流していたが、ある晩、レ・アール近くのレストランにBを招き、ザザと三人で会食した。デザートが出たとき、Aは深い考えもなく席をたち、Bにザザを自宅まで送り届けてくれるよう頼んだ。

こうして、Bとザザは差し向かいになったわけだが、そこで、Bはかねてより抱いていたザのイメージを直接、本人に向かって語ってしまう。

「貴女《あなた》みたいな女性は……男を骨抜きにしてしまうんでしょうね……だってそうでしょ！……Aの奴は馬鹿だから、いい奴だけど鈍いからね、なんにもわかっちゃいないんだ……なんですって？……とぼけないで下さいよ！……ありがたいことにこれでもまだ人を見る目はあるんでね……」

そういった後、Bはザザの白い手の上に、はらはらと涙をこぼした。

ザザは、この瞬間に、Bが要求しているものを正しく見抜いた。

「彼女は、Bに対してだけ、ファム・ファタルの大仰で時代おくれの衣装を完璧にまとうことにしたのである。彼女は彼をおびきよせ、追放し、呼びもどし、あわれな男の手首にガラスの破片で自分の名前の四文字をきざみ、タクシーのなかで逢引《あいび》きの約束をし、赤毛に漆黒の羽根をさし、シャンティイの黒レースの下着を身につけ、なんともスキャンダラスなことに肌を許そうとしなかった。そんなわけでBは、迷いから覚めるどころか、自分ででっちあげた女吸血鬼をいよいよ信じる羽目になったのである」。そのあげく、Bは食事も喉《のど》を通らなくなり、最後は、衰弱してぽっくり死んでしまう。

さて、ザザ自身がコレットに語ったというこの挿話の中に、われわれは何を汲みとるべきだろうか？

私が『SとM』（幻冬社新書）の中で定式化した「SはMの生み出す幻影である」とい

う定理によく似たファム・ファタルの構造である。

すなわち、男を誘惑し、骨の髄までしゃぶりつくし、奈落の底にまで突き落とすファム・ファタルというのは、男の心の奥底に存在する密かな自己処罰願望が、それを察知する能力に長《た》けた女によって現実化したものにほかならないということだ。

ザザは、コレットが正しく描いているように、別段、ファム・ファタルでもなんでもなかったが、Bのファム・ファタル待望の告白を聞いて、そんなに私にファム・ファタルになってもらいたいんなら、なってやろうじゃないの、と見事、ファム・ファタルの役を演じ、Bの隠れた願望をかなえて、彼を破滅させ、死へと追いやったのである。ことほどさように、本当の意味での高級娼婦になるには、功なり名を遂げた成功者のうちに潜むM的な「失墜願望」を正確に見抜くカンと、その願望を実現してやる手練手管が不可欠である。そして、この二つの能力があると、そのファム・ファタルのもとには、続々と似たようなM的嗜好《しこう》の持ち主が集まってきて、押すな押すなの状態になるのである。

こうしたファム・ファタル幻想の持ち主の行列状態を描いたのが、エミール・ゾラの『ナナ』にほかならない。一二〇ページで引用した文の続きを見てみよう。

「ナナは数カ月のあいだ次々に彼らをむさぼり食った。奢侈な生活のますます増大する需要のために、彼女の欲望は熾烈となり、彼女は一口で男を丸裸にした。まずはじめにつかまったフーカルモンはものの数日とつづかなかった。彼は海軍を退こうと思っていた。十年間の海上勤務で三万フランためていたので、それをアメリカで投資するつもりだった。だが、けちなまでに用心深い彼の本能もどこかにけしとんで、すべてをあたえ、彼の将来をしばる融通手形に署名までしてしまった。ナナが彼をおもてに押しだしたときには、丸裸だった」(川口篤、古賀照一訳　新潮文庫)

しかし、こういった『ナナ』の描写を読むと、それはあくまでフィクションにすぎない、現実にはそんなファム・ファタルがいるわけがないではないかという反論が出るかもしれない。だが、現実というのは、やはり「小説よりも奇なり」なのである。

そのことを雄弁に物語っているのが、先のコレットの回想である。コレットは、世紀末を代表する高級娼婦である伝説の「ラ・ベル・オテロ」と交わした会話をこう書き留めている。

「『ねえ、あんた』と彼女は言うのだった。『あんたはまだねんねに見えるけどね……おぼえておきなさいよ、男ってものはね、どんなけちんぼだって、気前よくぱっと手を開いちまうことがかならずあるんだよ……』

『女に心底惚れたとき？』

『ノン。あんたがぎゅっと手首をひねってやったときさ』

彼女は『こうやって……』とつけ加えながら、両手でねじりあげる仕草をした。そこから果物の汁か、金か、血か、何かしらしたたりおちて、ぽきぽきと骨が砕ける音が聞こえてきそうだった……」

ラ・ベル・オテロのような高級娼婦にぎゅっと手首をひねられるような男たちというのは、どうも、前々からそれを望んでいたとしかいいようがない。手首をひねられてヒーヒーいうとき、彼らは「破滅」や「死」と交換してもいいくらいの快感を感じているにちがいないのだ。

しかし、高級娼婦に入れあげるのは、こうした純正のマゾ男ばかりとは限らない。有名な高級娼婦の愛人となって、湯水のように金やモノを消費し、広く名を知られるようになることを、一つのステータス・シンボルと見なす見栄っ張りの男というのも存在する。これは、われわれの用語でいうところのドーダの一変種たる「破滅ドーダ」、つまり自己愛の充足としての「破滅」なのである。

「ナナはすぐラ・ファロワーズにとりかかった。彼はずっと以前から、ナナによって破産する名誉をになないたいと志願していた。完全な粋人になるためだった。彼にはこれが欠けていたので、女の力で売り出す必要があったのだ。二カ月もすれば、パリじゅうに名が知れわたるだろう、新聞に自分の名がのるだろう。事実、六週間で十分だった。彼の相続した遺産は不動産として、土地、牧場、森林、小作地などがあったが、それらを忽ちのうちに次々と売り払わなければならなかった」（『ナナ』川口篤、古賀照一訳）

ゾラは、非常に綿密な取材に基づいて小説を書くタイプだったので、右のラ・ファロワーズの破滅も、実際に起こった金満家のそれを題材にしたものである。たしかに、ドーダとしての破滅というものも存在したのである。

さて、以上の例からも十分ご理解いただけたように、高級娼婦、それも「超」のつく高級娼婦となるには、女吸血鬼に血を吸い取られたがっている破滅願望の男を見抜き、その男の願望を充足するようなかたちですべてを蕩尽させてやるすべを心得ていなければならないが、この構造は、漱石『夢十夜』の「第六話」を連想させる。すなわち、運慶が一心不乱に鑿《のみ》をふるっているのを見た「私」が、あんなふうに無造作に鑿を使って、よくも思いどおりに眉や鼻ができるものだと感心すると、そばにいた若い男が「なに、あれは眉《まみえ》や鼻を鑿で作るんぢやない。あの通りの眉や鼻が木の中に埋つてゐるのを、鑿と槌《つち》の力で掘り出す迄だ。丸で土の中から石を掘り出す様なものだから決して間違ふ筈はない」と説明するあの話である。

つまり、ただの高級娼婦から「超高級娼婦」へとグレードアップするには、このエピソードの運慶のように、男という木の塊の中に埋まっている蕩尽願望、破滅願望を直感的に察知し、それをそっくりそのまま彫りだしてやるだけの鑿さばき（手練手管）が必要なのである。

そして、こうしたファム・ファタルの能力というのは、それが十全に発揮されれば発揮されるほど、より多くの破滅志願者を集めるというスパイラル構造になっているので、犠牲者の数は増えこそすれ、決して減ることはない。

それと、もう一つ言えることは、いったんこの手の超高級娼婦の毒牙《どくが》にかかったら最後、引き返すことは絶対に不可能だということである。超高級娼婦に入れあげた男は、どんなに卑劣な手段を使ってでも金を捻出し、これを超高級娼婦という蕩尽の穴に注ぎ込むほかなくなるのだ。

「ナナが、とてつもない注文ばかりつけて、その崩壊を早めた。一月ほどの間はそれでも、彼［スタイネール］はつぎつぎと奇蹟《きせき》的な手を打って、あがきつづけた。彼はヨーロッパじゅうを、ポスターとか新聞広告とか趣意書とかといった、大がかりな宣伝で満たして、はるか遠くの国々から金を引き出していた。そうした貯えのすべてが、投機家の大金と貧しい連中のへそくりとの別なく、ヴィリエ大通り［ナナのアパルトマン］へ飲みこまれてしまうのだ」

どうも男というのは、金満家になればなるだけ、その分、巨大な破滅願望、いや死（タナトス）への願望を抱くものらしい。

超高級娼婦とは、男のタナトスの類いまれなる彫刻家なのである。

Ⅳ

ヒモの存在

さて、低級娼婦《しょうふ》から高級娼婦まで、とにかく娼婦と名のつく存在について、その実態を明らかにする努力を続けてきたわけだが、これまで何度か軽く触れながら、娼婦そのものではないがゆえに、一つの項を立てぬままにきてしまったファクターがある。

ヒモの存在である。

どういうわけか、いかに独立自尊、自立自存の娼婦であろうと、ヒモなしで済ますことのできる者は存在しないのだ。これは、低級と高級を問わず、娼婦一般の傾向なのである。

それはいったい、いかなる理由によるものなのか？　すなわち、なにゆえに、ヒモなしの娼婦というのは存在しえないのか？

以下、こうした疑問を中心にしながら、部外者的でありながら、娼婦の本質と密接に結びついたこのヒモという存在について、若干の考察を巡らすことにしよう。

まず、語の定義から行こう。ヒモとはなにか？

「ひも　水商売の女や娼婦などに金銭をみつがせている情夫」(『日本国語大辞典』小学館)

ちなみに、フランス語では、ヒモはストゥヌール souteneur［下から支える人の意］とかプロクセネット proxenete［保護する人、仲介する人の意］などという言葉で表現される。俗語では、なぜか、マクロー maquereau（サバ）、バルボー barbeau（コイ）など魚の名前を用いて呼ばれることが多い。

ところで、ラルースやロベールなどの仏仏辞典でこれらの語の定義を引くと、「女を売春させて収入を得ている男」という意味のほかに、もう一つ「金のために他人の色恋の取り持ちをする人間」という意味が挙げられており、それをそのまま翻訳したとおぼしき仏和辞典には、「ヒモ、女衒《ぜげん》」などという訳語が当てられている。

しかし、売春社会史の確立を志す学徒からすると、この二つの意味の無頓着《むとんちやく》な混同ないし混在は、看過しえぬ問題であり、そのまま放置しておくわけにはいかないのである。なぜなら、ヒモと女衒は決して混同されてはならないレベルの差異を含んでいるからだ。

では、そもそも「女衒」とはいかなる存在なのか？

「女衒　江戸時代、女を遊女屋、旅籠《はたご》屋などに売ることを業としたもの。遊女奉公で、遊女屋と女の親元との仲介に当たるが、女を誘拐し売りとばすことなどもあり、悪徳の商売とされた」（『日本国語大辞典』小学館）

この定義はなかなか素晴らしい。というのも、この定義の「江戸時代」を「第二次大戦前」に、「遊女屋」「旅籠屋」を「メゾン・クローズ」や「メゾン・ド・ランデヴー」におきかえれば、フランス語で女衒を意味するプラスール placeur の定義としてもそっくりそのまま使えるからだ。

つまり、女衒（プラスール）とは、主として規制主義の管理売春制度のもとで、「公認の売春宿に娼婦を斡旋《あっせん》する業者」のことを指すのに対し、ヒモとは原則的に「娼婦が稼いだ金の上前を撥《は》ねて暮らす男」ということになるのである。

いいかえれば、女衒というのは女を「娼婦にして」金を儲《もう》ける「職業」であるのに対し、ヒモは「娼婦である」女から金を巻き上げる「職業」であると定義することができる。

それゆえ、原則的には、この二つは完全に「別の職業」であるといってもよい。

その証拠に、女衒には女の女衒（プラスーズ placeuse いわゆるやり手婆《ばあ》さん）もいる。斡旋したり、口をきいたりするのに、必ずしも女衒が男である必要はないからだ。

反対に、娼婦のレスビアンの友だちというのはいても、女のヒモというのはごく例外的な存在である。ヒモは必ずや娼婦と性的な関係を持っているからである。

したがって、ヒモと女衒を、売春に依存した職業であるからといって混同するのは言語道断のことといわざるをえない。

とはいえ、女衒にしてヒモという存在はありえないのかといえば、「例外のない規則はない」の理《ことわり》どおり、ある場合には可能なのである。

たとえば、規制主義下のメゾン・クローズに娼婦を斡旋するのを業とする女衒であっても、自分が口入れをした娼婦がことのほか気に入って、そのメゾン・クローズに通い、娼婦の外出日にデートするヒモになるケースもないわけではない。

また、反対に、客としてメゾン・クローズに通ううちに娼婦と親しくなり、娼婦の職場替わりの面倒をみてやった経験から女衒を商売にするようになったという男もあったかもしれない。

ただ、娼婦がメゾン・クローズで働く公娼である場合には、女衒にしてヒモという存在は非常に珍しいケースであることはまちがいない。

しかしながら、独立事業者である私娼の場合には、女衒にしてヒモというケースは俄然《がぜん》、その数を増してくることになる。

なぜなら、女が私娼に転落するさい、男がその原因としてからんでくることが少なくないが、その男は女に売春させてそのあがりで暮らすこと、つまりヒモになることを初めから目論むような堕落したモラルの持ち主である場合がほとんどであるからだ。換言すると、私娼のヒモとなるような男は、自分が働かずにいるために、これはと狙いをつけた女を誘惑し、陥落させ、売春へと駆り立てていく女衒の役割も同時に果たしていることが多いのだ。

ゆえに、メゾン・クローズで働く女に関しては「別の職業」として理解すべきだった女衒とヒモは、こと私娼に関する限りは同一人物の中に同居することになるのである。

もっとも、こうした女衒を兼ねたヒモというのは、場数を踏むうちにおのずと「兼業」になるのであって、ルーキーのときには、最初から娼婦のヒモになるつもりのないことの方が多い。つまり、最初はボーイ・ミーツ・ガール式の普通の恋愛だったものが、なんらかの理由から、女は私娼に、男はヒモになってしまうのである。

シャルル＝ルイ・フィリップの『ビュビュ・ド・モンパルナス』という小説は、こうした恋愛から生まれた私娼とヒモとの悲しい物語である。

モンパルナスのビュビュことモーリス・ベリュはパリ一四区のプレザンス界隈《かいわい》で生まれ、指物師の見習いとなったが、十九歳のとき、生来の怠け癖と遊び好きがこうじて指物師のアトリエをやめ、引っ越し屋となった。その方が、女の子と自由に会う時間が作れるからだ。父親が五〇〇〇フランの財産を遺してくれたので、引っ越し屋としてもほとんど働かなくなった。

そんなモーリスが七月十四日の革命記念日に出会ったのが造花女工のベルト・メテニエだった。ベルトはこの日、姉や妹と街頭のダンス場で踊るうち、モーリスに声をかけられたのである。

モーリスとベルトは翌々日にデートし、暗い通りで接吻《せっぷん》したが、そのまま肉体関係を持つには至らなかった。ベルトは四度目のデートをすっぽかした。すると、モーリスは帰途を待ち伏せして、父親の監視があるからと言い訳するベルトに、ひとたび約束した以上、約束は守らねばならぬと強く迫り、ついに関係を結ぶのに成功する。

「彼女は頭《こうべ》をたれた、対手を傷つけてはいけないと怖《おそ》れる心から、何と答えてよいやら知らない、気の優しい貧しい娘たちによくある、あの馬鹿正直な様子で。可哀想な雲雀《ひばり》はもう捕えられていたわけだ。

この頃のモーリスには、雄弁で思いやりのある、若い娘たちの気に入りそうな、若干の騎士のような風格があった。おまけに彼の堂々とした主張には、心中の深い真面目さを窺《うかが》わせるものまでがあった。（中略）もともと気立が優しくておとなしいベルトなので、モーリスが一旦掌中に収めると、おとなしくへなへなとなってしまった」（シャルル＝ルイ・フィリップ『ビュビュ・ド・モンパルナス／朝のコント』堀口大學訳　講談社文庫　以下、同書）

モーリスとの関係を父親に咎《とが》められると、ベルトは家出してモーリスとルウェスト通りに小さなアパルトマンを借りて暮らし始めた。

しかし、ベルトはまだ造花女工の仕事を続けていた。モーリスには遺産がたっぷりと残っていたので、毎晩、カフェで食後のコーヒーを飲み、カフェ・コンセールやダンスホールあるいは「ゲテ・モンパルナス」という劇場に通った。そうしたところで、ベルトはモーリスの友人やその愛人たちと知り合いになった。男たちはヤクザもので、みな働かず、愛人たちの稼ぐ金で暮らしていた。

ある日、モーリスはベルトに、指物師《し》なんかやりたくないし、引っ越し屋も疲れたと言った。

「すると彼女には、モーリスが、どんな職業にも勿体《もったい》ない人間に思われるのだった」

ここからは一瀉千里《いっしゃせんり》だった。同棲《どうせい》を始めて二年たたないうちに遺産の五〇〇〇フランは消えてしまった。いつしか、モーリスは何でもない理由からベルトを殴るようになっていた。

「彼女に真実を愛させるには、平手打ちに如《し》かずと信じきって、一発くらわせたのだった。（中略）彼女は、《うちの人》と言う言葉が含む意味を知った。《男》はつまり政府であって、自分の関白ぶりを誇示するために女を殴りはするが、いざという危険な場合には、保護もしてくれるものだと」

とはいえ、モーリスもまだ積極的にベルトに売春を勧めるほど悪ずれはしていなかった。

「モーリスの方は、そんなことはさせたくなかった。だが彼は諦《あきら》めた、そして深くは悩まなかった。彼には所有感はあった。だがそれは、自分の家作を、人に貸与する家主の、あの所有感だった」

ある晩、モーリスはベルトに向かって、もしアトリエからの帰りに男から誘われるようなことがあったら付いていってもいい、と言った。ベルトはこの言葉に従った。ほんの少し付き合うだけで、一〇フランも二〇フランも稼げるからだ。

しばらくして、ベルトは造花女工の仕事をやめてしまった。たった四フランもらうのに朝から晩まで十時間も働いているのが馬鹿らしくなってきたからである。

「彼女は毎晩六時頃に出掛けて、セバストポール広小路とグラン・ブールヴァールを漁《あさ》った」

かくして、ベルトはれっきとした娼婦となり、モーリスの方もしっかりとしたヒモとなったのである。労働というものは、金持ちに騙されている連中がやることとモーリスは理解していたので、ヒモになったことの罪悪感はまったくなかった。

「金持どもは金にあかして女たちを欲しがる。してみれば、その金を頂戴《ちょうだい》する女食いがあってもこれはよい筈だった」

ことほどさように、ヒモであっても、自分を正当化する理由を考え出すのである。

では、娼婦たちはなぜヒモたちの毒牙《どくが》から逃れようとしないのか？

次項ではこの謎に迫ることとしよう。

ヒモはなぜ必要なのか

娼婦がヒモと別れることができない理由は、いたって簡単で、娼婦だからである。つまり、金銭を媒介にしたセックスをしていると、あそこは減らなくとも、心は確実に擦り減ってゆく。そのため、どうしてもその擦り減った分を「愛」として補う必要が出てくるのだ。

だが、不思議なことに、娼婦がその擦り減った「愛」の補塡《ほてん》を図ろうとするのは、まともな男、すなわち、市井の一般人では決してない。いいかえれば、常に相手の愛の独占を図ろうとするノーマルな男というのは、娼婦にとって愛の対象外なのである。

なぜか？

そうした男とは「客」として知り合う以外にないからだ。

娼婦にとって、「客」という属性を持つ男は、断じて「愛」の対象にはならない。

ところが、娼婦を少しでも長くやっていると、「客」として現れたにもかかわらず、恋人として遇されることを要求し、「愛」をほしがる男というのがかならず出てくるのである。

シャルル＝ルイ・フィリップの『ビュビュ・ド・モンパルナス』で、娼婦に身を落としたベルトを拾った客のピエールもこうした類いの、娼婦を恋人と勘違いし、独占的に愛を求める男だった。

「僕はあんたと一緒だとちっとも窮屈じゃないんだ。あんたは今夜あんまり口をきかないが、僕は嬉しいので喋《しゃべ》るんだ。あんたもきっと気がつくよ。僕がいい人間だと、女たちに対しても、人がしてやれる限りの親切はみんなしてやると。僕は女たちを笑わせるためにこんな風にして接吻してやるんだ、そして幸福にしてやるために一生愛しつづけることも出来るんだ」（シャルル＝ルイ・フィリップ『ビュビュ・ド・モンパルナス／朝のコント』堀口大學訳　講談社文庫）

ところが、娼婦ベルトは、まったくこうした男の「誠」には反応しない。なぜなら、ピエールは客として「金」で自分を買った男の一人にすぎないからだ。

「《この若い人ったら、優しくてまるで恋人みたいな口のきき方をするわ。》これほどの親切心ではあるが、これとて五フラン以上には利用出来ないのだった。（中略）彼女は房事は当然金に換え得るべきものだと思っていた、理由は、房事は人を疲れさせるし、その疲れを慰めてくれるのは金だからだ。ベルトは二十歳そこそこの若い身そらで、もうこんなことまで知っていた。楽に暮している女たちは、楽しいから恋愛を求めるのだが、売笑婦たちは自分たちのお客の愛情を避けようとする、理由はそれが自分たちにとって苦痛だからだ。つまりこの大柄で熱っぽい青年ピエールも、またベルトにとっては我慢しなければならない一人の客でしかないのだった」

シャルル＝ルイ・フィリップの分析は鋭い。金銭を媒介としてセックスを取引する娼婦にとって、客というものは、セックスであれ愛情であれ、すべて労働の対価でしかないわけだから「苦痛」であり、「疲れさせる」ものでしかないのである。

つまり、ひとたび「労働」となってしまった以上、セックスはそれがどんなものであれ、すべて「疎外された労働」となるほかなく、絶対に喜びとはならないのである。いわんや、そこから愛情が発生するわけはないのだ。

では、金銭を媒介しないかたちで、娼婦が普通の男と知り合い、恋をして、金銭の媒介なしにセックスすることはありえないのだろうか？

まずないといっていい。

もしそうした事態に立ち至ったとしても、娼婦たちは、心の中にプロフェッショナルな意識が起きるから、セックスして金を取らないことに「罪悪」のようなものを感じてしまうのである。

また、奇跡が起こって、セックスに金銭がともなわず、男が普通の女のように娼婦を愛したとしても、今度は、女の心の中に「負い目」という厄介なものが生まれる。自分のように「汚れた女」が愛されていいのだろうかと思ってしまうのだ。この「負い目」こそ拭《ぬぐ》おうとしても拭いきれない難物なのである。男が自分の前歴のことを何一つ口にしなくても、いや、そうであればあるだけ「負い目」は強くなる。これが、思いのほか元娼婦の心には重くのしかかる。また、愛ゆえに男に独占欲が生まれれば、必然的に女の心の古傷に指を突っ込むようなことをしてしまう。

ひとことで言えば、肉体を金銭で売ることによって生じる心の擦り減りは、堅気の男が相手では、いっこうに埋められることはないのだ。

となると、残る選択肢は一つしかない。ヒモである。

まず、ヒモのいいところは、セックス・ワーカーという職業に対する蔑視《べっし》がまったくないことである。それはそうだろう。もし蔑視があったりしたら、ヒモなどという稼業はやっていられない。ないからこそ、ヒモになるのだ。

この蔑視のなさというのは娼婦にとっては最大の救いである。相手が自分の職業を蔑視しているようでは、同棲などは土台不可能なのである。

次に重要なのは、ヒモは娼婦に「生きがい」をつくるということである。

娼婦がヒモと暮らしていて感じるのは、男一人を食べさせてやっているという「甲斐《かい》性《しょう》」である。セックス・ワーカーとしての労働がいかに辛くとも、自分の労働で「愛する人」を養っているのだと思えば、働く意欲が湧いてくる。いいかえると、ヒモは、娼婦に

「働くための動機」を与える存在なのだ。

第三に（じつはこれが一番重要なのだが）、ヒモは、娼婦に自分は一人の男を「愛している」という幻想を与える。ヒモから「愛されている」という幻想も重要だが、しかし、どちらが重いかといえば、やはり「愛している」という幻想だ。この幻想こそが、金銭媒介セックスによって生じる心の摩耗を埋め合わせてくれるのだ。

このように、ヒモというのは、娼婦にとって、自分がセックス・ワーカーとして働き続けるための存在理由（レーゾン・デートル）となっているのである。それは、サラリーマンが辛く無意味な（と思える）デスク・ワークに耐えていくために、専業主婦たる妻と家族が必要なのとまったく同じなのである。

だから、もしヒモがやけに倫理的に潔癖で、娼婦に養われるのを潔しとせず、自分の力で働くなど言い出したら、娼婦は全力で、それを阻止しにかかる。これも、サラリーマンが、妻がパートに出るのを嫌うのと同じことだ。

ゆえに、良妻ならぬ「良ヒモ」とは、けっして働くなどとは言い出さず、家でブラブラしていることを抵抗感なく受け入れることのできる男ということになる。いや、たんに働かないのではなく、賭け事でもなんでもいいから大いに浪費し、娼婦の稼いできた金を使い切ってやらなければならない。

なぜなら、すでに指摘したように、娼婦にとって必要なのはセックス・ワーカーとして働き続けることのレーゾン・デートルであるから、もし、ヒモに浪費癖がなく、どんどん貯金ができてしまうようではレーゾン・デートルがなくなってしまうからである。

しかし、もしヒモが浪費の段階で止まっていたら、そのヒモも二流のヒモでしかない。一流のヒモになるには、もう一つの能力が不可欠である。それは「殴り営業」ができるかどうかということである。

『ビュビュ・ド・モンパルナス』のモーリスは、ヒモにとっては欠かせないこの能力をヒモになる以前から身につけていた。

「シャルマーニュ大帝のように彼は、自分の気に入る考え方と、そうでないものを別にしていた。《あれは間違いだ、だがこれは正しい。》（中略）

ある時彼女は、目玉焼を作っていた。彼女は卵を割ると、いきなり塩と胡椒《こしょう》をふりかけた。モーリスは、これは卵が焼けてからふるものだと知っていた。彼女は尖《と》んがり声で、《いいじゃないの、まかしておいてよ。》と言った。手の早いモーリスは、体刑が必要だと判断した。彼女に真実を愛させるには、平手打ちに如かずと信じきって、一発くらわせたのだった。後は他の場合にも時々彼女を殴ったが、自分の気に入らなかったり、自分が不機嫌だったり、彼女が頑固だったりするのが理由だった」

つまり、理由はなんでもいいから、「殴ってやる」ことができなくてはならないのだ。

では、なにゆえに「殴ってやる」ことが必要なのか？

門外漢にはまことに面妖《めんよう》なことながら、相互の愛情を確かなものにするためである。娼婦は、とかく、殴られることを相手の愛情表現の一つと思い込みたがるもののようである。エミール・ゾラの『ナナ』では、娼婦はなにゆえに必然的にDV男をひきつけてしまうのか、その思考の回路が巧みに分析されている。

ある晩のこと、フォンタンという役者と同棲していたナナは、お菓子の粉がベッドの上に落ちたので、寝ているフォンタンを跨《また》いでベッドから降りようとしたが、その時、ねむくてたまらなかったフォンタンが堪忍袋の緒を切らせ、力まかせにナナの頰を平手打ちした。ナナは驚いて、「まあ」という声を発しただけだった。

「フォンタンは、また動いたらもう一発お見舞いするぞという気配を見せた。それから蠟燭を吹きけしてごろりと仰向《あおむ》けにねころび、すぐにいびきをかき出した。彼女は、枕に顔をうずめ、しゃくりあげながら泣いていた。むやみに暴力をふるうなんて卑怯《ひきょう》だわ。しかし、彼女は、ほんとに怖くなった。それほどフォンタンの奇妙な顔が物凄《ものすご》くゆがんでいた」(エミール・ゾラ『ナナ』川口篤、古賀照一訳　新潮文庫)

ここまでだったら、同棲相手からDVをふるわれた女の子に共通する反応である。驚きと恐怖と怒りである。

ところが、この先の心の動きが、ナナのような愛情乞食《こじき》の娼婦では大いにちがってくるのだ。

「そして、彼女の怒りは、あの平手打ちの一撃が鎮めたかのように、消え去っていた。彼女はフォンタンを尊敬していた。彼にゆっくり場所をあけてやるために、壁にぴたりと身をよせていた。やがて、頬をほてらせ、目に涙を一ぱいためたまま、もうお菓子の粉も気にならないほどつかれはてて、とろけるような心地よい気持になり、彼女も寝入ってしまった。朝、目をさますと、彼女は、あらわな両の腕にフォンタンをだきしめ、フォンタンは彼女の胸にしっかり寄り添っていた。ねえ、もうあんな事しないわね？　二度としないわね？　彼女は、フォンタンをあまりにも愛していた。彼になら、平手打ちをくわされてもかまわないと思った」

実際には、娼婦の心の中には、「平手打ちをくわされてもかまわない」どころか、「平手打ちをくわされたい」という願望があるのだ。なぜなら、DVのあとの仲直りがあまりにも甘美なので、それを味わいたいがために、わざと相手にDVをしむけるからだ。そして、しまいには、DVの度合いが激しければ激しいほど、愛も深いと錯覚するようになるのである。

というわけで、ヒモのDVとは、真性M女と化したところの娼婦が望むところの「お仕置き」となるのである。

かくして、もしこの世にヒモというものが存在していないなら、娼婦はかならずやヒモを発明していたであろう。それくらい、娼婦にとってヒモは必要不可欠なものなのである。

愛の証明

はたから眺めると、この世でヒモほどお気楽な商売はないように見える。男だったら、だれだって、一度はヒモになってみたいと夢想したことがあるにちがいない。

だが、はたから見ているのと当事者とでは、実態は大きくちがうのが常である。ヒモというのは、実際には決して気楽な稼業ではないのである。

少なくとも、十九世紀には、いや二十世紀でも前半までは、ヒモはかなりハードな職業であったといわざるをえない。

なぜか？

性病の恐怖と背中合わせであったからだ。とりわけ、梅毒に罹患《りかん》することは、ヒモである以上、避けて通れない難事であった。

この娼婦とヒモと梅毒という関係を正面から取り上げたのが、これまで何度も登場願っているシャルル＝ルイ・フィリップの『ビュビュ・ド・モンパルナス』である。

ある日、ビュビュ（モーリス）の情婦であるベルトが告白した。

「ねえ、モーリス、やっぱりわたしが思った通りらしいわ。昨日わたし妹のブランシュに相談してみたの。どんなにしてあの病気に罹《かか》ったか詳しく聞かせて貰ったけど、すっかり同じなのよ」（堀口大學訳　講談社文庫）

この言葉を情婦から伝えられたとき何と答えるか、これが、ある意味、ヒモにとっての試金石となる。

とりあえず、モーリスは何も答えなかった。そして、しばしの沈黙のあと、こんな罵《のの》りの言葉を吐いた。

「一体、どこのどいつが、そんなものを感染《うつ》しやがったか知りたいもんだ。知れたら頭の鉢が割れるほどひっぱたいてやるぞ」

この罵り方なら、いちおう、合格である。なぜなら、罵りはベルトには向けられてはいないからだ。もし、ここでベルトを責めたりしたら、彼はもうヒモとしてやっていく資格はなくなる。ヒモとはフランス語でストゥヌール（下から支える人）という通り、娼婦が本当に困ったときに頼りになって支えてやることに存在理由があるのだ。

とはいえ、モーリスとて、ショックを感じなかったわけではない。その反対である。このあたりの心理をフィリップは巧みに描いている。

モーリスは朝食をベルトと一緒に黙って食べると、鳥打ち帽子と五フラン銀貨をわしづかみにして、パリの街に出たが、頭の中は一つの考えでいっぱいで、ただ街路をさまよい歩く。

「大股に歩いているうちに、大げさな言葉がとびだして来た。それが歩いているうちに、雷鳴のように破裂した、次いで陰気な太鼓のように彼の歩調に合わせて鳴った。《梅毒、ベルトと梅毒!》彼は梅毒が、自分と並んでいる真赤で血まみれな同伴者、怖ろしいほど獰猛《どうもう》な客人のような気がした。(中略)

こうしてパリを股にかけてのし歩いている以上、出っくわさずにはすませない盗みも犯罪も刑務所も、平気で引き受けるつもりでいた。だが梅毒には参った」

というのも、梅毒にかかって悲惨な死に方をした人たちの話をさんざんに聞かされてきたからだ。十四歳だったとき、近所の二十二歳の男が梅毒にかかり、人の話では「まるで肥料《こやし》みたいになって」死んでいったことを思い出し、自分が、完全に腐れ果てた緑色の肉体になって病院のベッドに横たわっているところを想像した。

足は自然と食料品屋をやっている実家に向かったが、安住の場所はなかった。また街に出て、プレザンス界隈を歩くうち、そこを縄張りにしているのっぽのジュールのことが頭に浮かんだ。彼もまた梅毒にかかったのではなかったか? そればかりか、シャルロもポールも梅毒病みだったはずだ。同時に、梅毒にかかっても平気だった連中のことも思い出した。そのせいか、足は自然とのっぽのジュールが根城にしているメーヌ大通りのバーに向かった。

やはり、ジュールはそこにいた。モーリスは我慢しきれなくなって、梅毒とはひどく体に応《こた》える病気なのかと尋ねた。ジュールは「貴様やられたのか？」と聞き返し、おもむろに解説を始めた。

「梅毒なんか苦にはならんよ。おれなんかもう二年も罹りっぱなしだよ。ラ・サンテ刑務所にいた頃は、丸薬を飲まされたが、それっきりよ、何もありゃしない。貴様も知ってるが、おれはフランシーヌに感染《うつ》された。前から人に言われていたのだから、止《よ》しておけば感染らずにすんだわけだが、まさか梅毒《かさ》をかいたというんで女を捨てることも出来ないからな」

普通のヒモが根性のすわった「本当のヒモ」になれるか否かは、のっぽのジュールの言葉の最後にあるように、梅毒をうつされたからといって情婦を捨てることなく、ともに、そのパッション（受難）に耐えていくことができるかどうかにかかっている。

しかし、モーリスはまだジュールの心境には達していないので、大いに悩むことになる。「自分がもし感染《うつ》っていないとしたら、今がベルトと別れる潮時だった。最初の徴候が現われると同時に、彼女は言ってくれたのだから、彼がまだ感染《うつ》っていないということも十分あり得ることだった。女なんかいくらでも、後から後から大勢出て来るのだ、少々器用な男なら、不自由することなんかありはしない。この危険な考えが、彼の頭の中を這《は》いずり廻《まわ》っているような気持だった。ところが、ずばりと吐き出すように、さき方ののっぽのジュールが言ってのけた考えが、今またモーリスの目の前にちらついた」

モーリスはジュールと一緒にホワイト・リカーの注がれたコップをぐいと飲み干すと、メーヌ大通りをゆったりとした足取りで歩いていった。モーリスに自信が戻ってきた。梅毒にかかった情婦を捨てることなく、ともに試練に耐えていこうと決意した瞬間から、「おれはモンパルナスのビュビュだ、文句あっか」という心境に達することができたのである。大袈裟《おおげさ》にいえば、ベルトの梅毒罹患をきっかけに、モーリスは「実存的な賭《か》け」に出て、それに勝ったことになるのだ。

「彼は今では知っていた、梅毒が男の生活の一部だと。これは彼が、久しい以前から知っていたことだった。ただ人間の知識にも、深く心に刻みつけられないものがある。人並みにモーリスも深く悩んだ後で完全な悟りに到達したわけだ」

現在なら、「おいおい、悟りに達したりしないで、早く医者に行けよ」と半畳を入れたくなるところだが、時代はまだ十九世紀末、梅毒特効薬のサルバルサン（六〇六号）の発明よりもはるか以前だから、治療法とて水銀療法しかなく、梅毒罹患はそのまま、肉体の腐敗と狂死を意味したのである。モーリスでなくとも、梅毒に関する自問自答はおのずと、実存的な問題とならざるをえなかった。

メーヌ大通りを歩くうちにモーリスとジュールはすっかり陽気になり、モンパルナス駅の裏手のカフェに飛び込んで、今度はアプサントを引っかけることにした。

二杯目のアプサントを飲み干すと、モーリスの頭はざわめきで一杯になり、何千という考えと一緒になってぐるぐると廻った。すると、形而上学的《けいじじょう》といっていいような幻影が現れた。

「善のこだまが悪のこだまに答えた。呼びかける声のように、また遠ざかる足音のように。ベルトが彼を愛そうとしてかがみ込んだ。そして梅毒に罹っているくせに嬉しそうに笑っていた。世界はカフェの張出しでアブサントを飲んでいる梅毒っかきのくせに暢気《のんき》な一人の男に似ていた。『愛』や『信念』や『科学』なぞという大げさな感情が、駅の近所の往来をどなりながら歩きまわっていた。歓喜が目に見えるようだった。街の動きはダンスのようにみえた。考える人に較《くら》べると、人間は小さく見えた、『人生』は知り合いの、言うことを聞いてくれる女のように笑っていた」

ジュールと別れ、レンヌ街を通って家に戻ろうとしたとき、大きな食料品屋にミカンの箱が見えた。そこは通りすぎたが、もう一軒の食料品屋でもミカンを見つけると、もう我慢することはできなくなった。モーリスは素早く行動して、ミカンの箱を掻《か》っ攫《さら》うと、上着の下に押し込んだ。ベルトに食べさせてやりたくなったのである。楽しい思い出を残してやろうと感じたのである。

だが、ミカンの箱を手に入れた瞬間、モーリスの心にまた別の思いが浮かんだ。

「次いでまた、彼は梅毒を思った。そうだ！　彼がもし、梅毒に罹っていないとしたら、これはどうなるんだ！　一体全体！　こう思うと彼は自分の折角の光栄が割引されたような気がした。熱情をこめて歩いている足が自分を宙に浮かせるみたいだった。彼がもし、梅毒に罹っていないとしたら、これはどうなるんだ、今こそ罹るに最好の時期だ」

モーリスはミカンを小脇に抱え、高鳴る心の命ずるままに突き進むことにした。アパルトマンに戻ると、ベルトが食事の用意をしていた。モーリスはミカンの箱をプレゼントだと言って差し出した。ベルトは驚いてにっこりし、こんなに親切にしてくれるのは何か訳があるにちがいないと言った。

モーリスはキスしてくれとせがんだ。ベルトが近づき唇の上に軽くキスすると、彼はベルトの両肩を抱き抱え、情熱的にキスをした。そして、煮込み料理が焦げてしまうというベルトにはおかまいなく、ベッドのほうに引きずっていった。

「ベルトは持ち前の悲しげな目つきで、じっと彼の目の中を見つめた、いけないわよ、モーリス。知ってるでしょ？……

彼が答えた、

――かまうもんか。

差込んだ時、彼は自分の心臓がとろけるような気がした、大そう優しくなって言った、

――あんた、痛くはないかい？」

これを称して「ちょっといい話」と言っていいのかどうかはわからない。むしろ、性病に対する無知《む ち》蒙昧《もうまい》を示すエピソードかも知れない。

しかし、こと、ヒモという存在の「意義」に関する限り、このエピソードは、非常に意味深である。

すなわち、「本当のヒモ」とは、情婦が梅毒にかかったら、自分もまた積極的に梅毒にかかり、相手と受難（パッション）を分かちあってやることができる男なのだ。

ヒモと軽蔑《けいべつ》することなかれ！　果たして、普通の男に、ここまでの「愛」があるだろうか？

ヒモつきの娼婦とメゾン・クローズ

パリの風俗警察（正確にはパリ警視庁第一部局第二課）は、しばしば「ラファル（突風）」と呼ばれる容赦ない一斉検挙を行い、私娼たちを一網打尽にしたが、これは、性病蔓延《まんえん》防止の観点から、私娼たちを鑑札付きの公娼に変え、さらには、公娼に街路での営業を不可能にさせて、監視の目の行き届いたメゾン・クローズ（公認の娼館）にこれを送りこむためだった。

そうした「私娼→公娼→メゾン・クローズの娼婦」という風俗政策は、パリ・コミューンの後の反動期には特に強化されたが、それは、この時期に、疑似恋愛をうりものにした迂回《うかい》売春（ブラスリや各種風俗カフェ・レストラン）の隆盛の陰で徐々に人気を失いつつあったメゾン・クローズへの明らかな援護射撃であった。アラン・コルバンは、この点について、次のように指摘している。

「弾圧強化はパリ・コミューン崩壊後数週間で早くも現れた。一八七一年六月三日から一八七二年一月一日までに警察は六〇〇七人を検挙していた（公娼三〇七二人、私娼二九三五人)。すなわち、一八六〇年から一八七〇年の平均の二倍を上回る数値である。この弾圧強化は一方では娼家に対しては大いなる寛容を示す結果となった。このような術策をとったため、首都における娼家の減少を数年間は食い止めることができたのである」(アラン・コルバン『娼婦』杉村和子監訳　藤原書店)

このように、警察に捕まり、強制的に鑑札を与えられて「公娼」となった私娼の多くは、再逮捕の恐怖から、メゾン・クローズで働く道を選ぶほかなくなったが、こうしたとき、娼婦たちがなによりも先に考えたのはヒモのことである。なぜなら、住み込みが原則のメゾン・クローズにいったん入ってしまったら、ヒモとの連絡が取りにくくなるからである。生活の資をほかに持たないヒモは路頭に迷い、飢え死にするか、あるいは強盗や殺人などの犯罪行為に走るのではないかと彼女たちは心配したのである。

実際のところ、一斉検挙に遭って、娼婦が警察に勾留されたり、性病が見つかってサン・ラザール医療刑務所やブロカ病院に収容されたりする段階、つまり、まだメゾン・クローズに入っていない時でも、ヒモたちは糊口《ここう》の資を失い、犯罪に走ることが少なくなかった。『ビュビュ・ド・モンパルナス』のモーリスはこのケースで、最初のうちこそ、生活を切り詰めて愛人ベルトが退院する日を待っていたが、そのうち金が尽きると、我慢ができなくなる。

「ところがその後、モーリスに、もう待ち切れなくなる日が来た。ベルトの入院後十五日目になると、彼には自分の苦労が途方もなく長く続いているような気がした。金の苦労も初めの間は助けてくれる友達もあり、遣繰《やりくり》の才覚もあったが、やがて靴が破れたり、服が綻《ほころ》びたりすると、何もつけずに食べるパンの味気なさが、ぼろの苦労にかわり、もはや友達の手にはおえなくなる。（中略）恋の利潤生活者のようにのんびりと、恋人が帰って来て新しく結ばれる楽しい朝のことしか考えない憂鬱《ゆううつ》を愛して生きる詩人のように落着いて、待っていられるに必要な大金を、ポケットへ運び込んでくれるような大がかりな泥棒をやる必要が彼にはあった」（シャルル＝ルイ・フィリップ『ビュビュ・ド・モンパルナス／朝のコント』堀口大學訳　講談社文庫）

だが、仲間とともに三人でタバコ屋に押し入った強盗は情けない結果に終わる。レジには一六フランしかなかったので、しかたなく切手や印紙を盗んできたが、故買屋との取引に失敗したあげく、刑事に捕まり、あえなく刑務所送りとなったのである。

したがって、いよいよ、メゾン・クローズに住み込みで入ることになっても、娼婦の頭にあるのは、ヒモのことだけである。そのため、メゾン・クローズに入る前に、私娼たち（あるいは街娼として働く公娼たち）は、メゾン・クローズに入る条件として、ヒモに恒常的に会うことを女将《おかみ》に約束させる場合が多かった。娼婦研究に先鞭《せんべん》をつけたパラン＝デュシャトレは、この点について、こう断言している。

「娼家を経営している女将宅に住み込んでいる娼婦は、たいていの場合、そこへ入るにあたって、この愛人がけっしてないがしろにされないようないくつかの条件をつけようとする。例えば、週に二、三回、または四回まで、愛人の入室を認めることとか、男の身分や娼婦の階層に応じて無限に異なるその他さまざまな特権が取り決められることである。この愛人が一切の金銭の支払いを免除されていることはもちろんである」（アレクサンドル・パラン＝デュシャトレ『十九世紀パリの売春』小杉隆芳訳　法政大学出版局　以下、同書）

こうした特別待遇は、メゾン・クローズの女将にとっては、痛し痒《かゆ》しの選択である。娼婦がヒモに打ち込む分、客の扱いがぞんざいになることは避けがたいし、また、ヒモを無料で客とすることは経済的にもありがたくないからである。

しかし、反面、ヒモに貢いでいる限り、娼婦がメゾン・クローズを抜け出すことはないという安心感もある。女将にとって、ヒモつきの娼婦というのは、ある意味「安定株」なのである。

とはいえ、いったん、メゾン・クローズに住み込みで入ってしまうと、ヒモとの関係は次第に薄らいでいくのが常である。なぜなら、メゾン・クローズという閉じられた空間においては、娼婦の愛情は out of sight, out of mind の原則によって、別の対象に向けられることが多いからだ。すなわち、レスビアニスムの相手である。

ところで、これまで、娼婦が非常に多くのケースでレスビアニスムに向かうのは、男の客相手では決して得られない性的快楽を女同士のセックスでは感じ取ることができるからだと説明されてきたが、どうも、それだけではないようである。

むしろ、娼婦のレスビアニスムの根底にあるのは、ヒモを求めるときと同様、金銭を媒介としてセックスを続けることで生じる心の空隙《くうげき》を「愛」で埋めようとする代償作用にあるようだ。

しかも、レスビアンの相手の場合、同じメゾン・クローズの中で暮らしているので、ヒモに対するような「庇護《ひご》の必要」がない分、その愛憎劇は極端なものになりやすい。では、レスビアン同士の愛とは、どのようにして過激化するのか？

この点の情報に関しても、われわれはパラン＝デュシャトレの観察に頼るほかはない。

「ここで注目すべきは、こうして結びついた二人の間には、年齢や魅力という点で、しばしば極端な不均衡があること、さらに驚くことには、一度親密な関係が出来上がると、相手により大きな執心ぶり、より激しい愛情を示すのは、普通、若さと魅力に勝る女の方だということである」

これは意外ではなく、理にかなっている。というのも、レスビアンの場合、「若さと魅力に勝る女」は女役であり、その反対の「若さと魅力に劣った女」は男役なので、ヒモに対したときと同じような、欠如した分だけ強くなった娼婦特有の激しい愛情が、女役から男役に向けられるのである。

「こうした執心ぶりはどうしてなのか。また、このような関係はどのようにしてつくられるのだろうか。

私は監獄でレスビアンがやりとりした手紙を入手したことがあるが、それはいつも、恋人同士に特有な気取りのない表現を含んだ、すべてに想像力の激しい高まりが認められる小説じみたものばかりだった。この点で、目にした中で最も興味をそそられたのは、同一の女性による別の女囚に宛てて出された一連の手紙であった。その最初の手紙には、曖昧《あいまい》で遠廻しな、また非常に控え目な文体で、恋の告白が述べられていた。二番目の手紙はこれよりずっとざっくばらんな調子だった。最後の方になると、燃えるような言葉を使い、熱烈な抑え難い恋心が吐露されていた」

この証言からも明らかなように、娼婦同士のレスビアニスムにおいては、なによりも「愛」が問題となるのである。

まことに逆説的ながら、愛と関係がないセックスを仕事とすることで、娼婦は、レスビアンの相手でも、いやレスビアンの相手だからこそ、より強い愛の確証を求めようとするのである。

「彼女らの結びつきは、愛というよりはむしろ熱狂というものに近い。心は嫉妬《しっと》心に苛《さいな》まれ、誰か他の女が自分に取って代わり、こうして愛の対象を失ってしまうのではないかという不安感から、二人は片時もそばを離れようとはせず、まるで影のように寄り添い、同じ過ちを犯して捕まり、また拘置所から出る時も、いつも一緒に出られるようにと、その手立てを見つけようとする」

そして、愛が深ければ憎しみもまた深しの原則通り、いったん愛が壊れたときの憎しみは強烈なものにならざるをえない。それは、ヒモに捨てられるよりもはるかに強烈に作用する。

「異性の愛人から棄てられた場合、簡単に気持ちの整理もつき、激しい非難の言葉を容赦なく浴びせかけた当の男も、すぐに忘れてしまうことのできる方法を見出せる。同性の愛人の場合となんと大きな違いであることか！（中略）

監獄の中で、レスビアンが寵愛《ちょうあい》している相手の女から棄てられるという事態が生じた場合、刑務官は格別の注意を払わなくてはならないことになる。棄てられた女が、棄てた女と、自分に取って代わった女に対し、復讐《ふくしゅう》に出ることは必定であるからだ。食器皿や、時にはナイフまで振りかざして殴り合う、正真正銘の果し合いが生じることになる」

しかしながら、裏切られた憎しみが最高のボルテージに達するのは、じつは、レスビアン相手が別の女を選んだときではないのだという。相手が、女ではなく男を選んだ場合の方が、嫉妬と憎しみはより激しいものになるようだ。

「しかし、それだけは許し難く、絶えざる復讐を求めるというケースもあるが、それは好きな女を袖にして別の男性とくっつき、これを愛人にしてしまった場合である。繰り返すが、この罪は許し難く、何をもってしても見逃してはもらえぬものである。このような罪を犯した女の何と不幸なことか！　というのも、もし彼女が強靱でなかったなら、売春婦が受ける中でも最もむごい侮辱を受けたということで、彼女を非難攻撃して当然の資格があると信じている当の女に出会うたびに、殴りかかられること必定だからである」

　というようなわけで、いったん、娼婦となって、愛情のないセックスに身を委ねたとたん、その悪循環はどこまでも断ち切れることなく連鎖していくのである。

　折から、元AV女優のテレビ・タレントの孤独な死が報じられたが、AVばかりか売春にも身を投じたことがあると自著で告白したこのタレントの心に穿《うが》たれた空隙は、どんな喝采《かっさい》や富をもってしても埋まらなかったことがわかる。

「減るものじゃなし！」という勿《なか》れ！

　性器は減らないが、心の減りは一度でも売春に走ったら、永遠に埋まらないのである。

女衒という存在

ここでは、ヒモとしばしば混同されるが、本質的には別の「職業」である女衒(placeur)について考えてみたい。というのも、売買春という一つの「産業」が成立するためには、女衒もまた必要不可欠な存在だからである。

ところで、女衒と一口に言っても、その機能は大きく分けて二つある。

一つは、まだ娼婦にはなっていない娘を口説いて娼婦として働くことを納得させ、この業界に送り込むこと。つまりスカウトマンとしての働きである。

もう一つは、すでに娼婦として働いている娘に転職口を世話すること。つまり、職業紹介業者、ないしは口利き業者としての機能である。

いずれも、娼婦(ないしはその志願者)と公認・非公認の売春施設との間で話をつけ、仲介料、紹介料を両者ないしは片方からいただくことで職業を成り立たせている点ではかわりない。このブローカー的機能ゆえに、フランス語では、株式仲買人などと同じく、クルティエ(courtier)と呼ばれることがある。

まず、スカウトマンとしての働きだが、これは、地方出身の娘を扱う場合と、パリ生まれの娘を相手にする場合とでは、おのずからその働き方が異なってくる。

このうち、わかりやすいのは地方出身の娘を娼婦に仕立てるのを専門にしている女衒の方である。

彼らの漁場は、一八五〇年以前は、大型乗合馬車の発着場か、その付近にあるカフェだった。すなわち家出あるいは、なんらかの理由で家にいられなくなって乗合馬車に乗ってパリにやってきた娘たちを、彼ら女衒たちは発着場やその近くで待ち構えているのである。

女衒たちは、パリでの落ち着き先も持たず、最小限の荷物と金、それに最大限の心配と希望を抱いてパリに着いた娘たちに、いかにも親切な風を装って近づき、宿泊先は決まっているのかとか、就職口を探しているんじゃないかなどと言葉巧みにもちかけて心を捉《とら》え、近くのカフェに案内して、気前よくおごってやる。そして、「あんたは運がいい。ちょうど、オレの従兄弟《いとこ》（従姉妹）の〇〇が下働きの女の子を一人探していたところなんだ。紹介してやろう。ついてきな」と誘って、自分たちのアジトに連れ込み、たいていは強姦《ごうかん》ないしは輪姦といった手荒な手段に訴えて娘の自尊心をズタズタに引き裂いておいてから、柔順な娘に仕立て、しかるのちにメゾン・クローズの女将に引き渡すのである。

乗合馬車の時代には、女衒の毒牙にかかるのは、パリに近いイル・ド・フランス、ノルマンディー、ブルターニュなどの出身者が圧倒的に多かった。厳密な統計によって、パリの娼婦の特徴を割り出そうとしたパラン＝デュシャトレの調査によると、パリを中心にして二五リュー（約一〇〇キロ）の同心円を描くと、最初の円が娼婦の最大供給地と重なり、同心円が拡大するにつれ、娼婦の人数は減っていくという。ここからパラン＝デュシャトレは至って常識的な結論を導いている。

「思うにこれは、パリに近い県が他の県より反道徳性が顕著だということではなく、パリに近いこと、容易にパリに行けること、頻繁な往来などが、フランスのすべての県からパリにやって来る売春婦の人数に関して、すこぶる大きな影響力を持っていることの明白な証左である」（アレクサンドル・パラン＝デュシャトレ『十九世紀パリの売春』小杉隆芳訳　法政大学出版局　以下、同書）

しかしながら、乗合馬車の時代でも、パラン＝デュシャトレが指摘するように、数こそ少ないが娼婦の出身県はフランス全土に広がっていた。また、イギリスやベルギー、スイス、プロシアなどの外国からの出稼ぎ娼婦も少なくなかった。

そして、この傾向は、一八五〇年を境に鉄道網がフランスとヨーロッパを覆うようになると、さらに広がり、パリの鉄道駅は、いずれも、女衒にとってのまたとない好漁場となる。東駅に通じるストラスブール大通りやサン・ラザール駅周辺の通りには、女衒たちばかりが集まって情報を交換するカフェが何軒か存在して、小説家やノンフィクション作家の興味を引いた。ひとことでいえば、鉄道の普及は、パリを娼婦たちの聖地《メッカ》に変えたのである。

ところで、乗合馬車の発着場や鉄道駅に娘たちがやってくるとき、彼女たちは必ずしも単独とは限らない。男に連れられてパリに来るケースも少なくないのだ。パラン＝デュシャトレはこうした同伴者のいる娘たちについてもしっかりと書き留めている。

「多くの青年、軍人、学生、外交販売員たちが、田舎の乙女らをたらし込んでものにし、結婚しようとか、うまい職を見つけてやろうとか、嘘八百を並べたてたり、また、乙女らを否応なく身を隠さなくてはならない状態に追い込んだりして、パリに連れてくる。しかし、パリに来たとしても、すぐに棄てられることになり、あとは自らの手で身を処していかなくてはならなくなってしまう。パリのような都会では知人など一人もなく、金もなく、もっと不幸なことには、彼女らの不始末を知る郷里に再び姿を見せることも、家名を汚され、憎悪と怒りをかき立てられた家族の元にも戻れず、家具付き部屋――街頭というのもしばしばだ――に放り出されたこうした不幸な女性の置かれた状況

女衒とその獲物（ジャン・ベロー画）

を想い起してみるといい。このような立場に追いやられた娘が、甘いささやきや約束を口にする人間につい身を任せてしまったとしても、何の不思議があろうか」

ここでパラン＝デュシャトレが取り上げている「家具付き部屋（ガルニ）」というのは、その名から想像するのとはちがって、ベッドと最低限の家具だけからなる安ホテルのことを意味し、一泊から月極めまで、いろいろな泊まり方ができる。地方からきた身寄りのない娘たちはとりあえず、駅周辺のこの手のガルニに旅装を解くことになる。しかし、そうしたガルニにはすでに女衒たちの情報網が張り巡らされており（おもに、掃除婦や女中）、上京したばかりで身よりのない若い娘が恋人に棄てられたり、あるいは初めから一人だったりすると、たちまち、その知らせは彼らのもとに届き、例によって「就職口の世話」という口実で接近が試みられる。

そのさいに、注目すべきは、これら女衒の中に、中年あるいは老年の女がいることである。パラン＝デュシャトレはこの手の因業婆《いんごうばばあ》にもしっかりと注目している。

「事実、乙女たちを堕落と退廃の道に引きずり込むのを生業《なりわい》としている忌むべき女たちが特に目を向けるのは、「家具付き部屋に放り出された」この種の娘であることははっきりと証明されている。（中略）こうした場所こそまさに、今私の触れたあの忌むべき女たちの徘徊《はいかい》するところである。彼女らはそこに生じた出来事を逐一報告してくれたり、役立ちそうなあらゆる娘に関するメモ帳を廻してくれる手先を何人も配置しているのだ」

もちろん、こうしたガルニに住みながら、「忌むべき女」たちの毒牙を運よく免れて、お針子や店員あるいは女中といった正業に就くことのできた娘たちもいる。しかし、彼女たちもやがて、そうした正業から得ることのできる賃金の低さに音をあげはじめる。寝泊まりする以外には何もできないからだ。とりわけ、お針子や洗濯女など、金持ち女の豪華絢爛《けんらん》たる衣装に触れる機会の多い職業の娘たちは誘惑される確率が高くなる。

こうした格差社会を目の当たりにしてフラストレーションを大きくしている娘たちに巧みに取り入るのが、小間物売りの女である。

甘言で娘たちを誘う女の女衒

ショールやマフなどの婦人小物（お洒落《しゃれ》小物）というのは、渋谷の「１０９」の繁盛ぶりからもわかるように、コートやドレスといった値の張るものには手が出ないけれど、なにかしら買って消費願望を満たしたいと思う浪費家の娘たちにとってはいつの時代も人気の商品である。

「忌むべき女」たちは、そこに目をつけ、小間物売りの女に化けて誘惑の網を張り巡らすことになる。すなわち、浪費癖が激しい派手好きな娘がいると、気前がいい女将のように振る舞ってツケでどんどん商品を買わせておき、いよいよ払いが溜まってきた頃を見計らって声をかけるのである。娘たちは、もうその頃には、ガルニへの支払いはおろか、明日の食費さえ事欠くようになっているから、「忌むべき女」の毒牙にかかるのもわけはない。小間物売りの女は、苦境を救ってやるといった口実で、「おいしい話」を耳元に吹き込み、「親切な」金満家の老人との仲を取り持ったり、あるいは、メゾン・クローズ入店への橋渡しをしたりするのである。

同じようなジャンルに、小間物やドレスの中古を買い取る古着屋の女というのがいる。こうした古着屋は、上流下流を問わず、浪費が原因の借金で首が回らなくなった女たちが最後に駆け込むアジール（避難所）だが、そのアジールは同時に「売春地獄」への入口でもあるのだ。バルザックは『小間物売りの女あるいはマダム・ルスルス』という短篇で、中古小間物売買を看板に掲げながら、裏では売春斡旋を業とする「忌むべき女」自称ヌリッソン夫人の見事な肖像を描いているが、その一部は、『娼婦の栄光と悲惨　悪党ヴォートラン最後の変身』で再利用され、ヴォートランの手下女の「アジア」（もう一人の手下女は「ヨーロッパ」！）が主人の命令に従って化ける女古着売りサン・テステーヴ夫人の描写に生かされている。

「これはとてつもなく奇妙な役柄の人間で、そのものズバリ売春と金貸しもする古着売り、と呼ばれているのだが、この古着売りにあの猛々《たけだけ》しいアジアが扮《ふん》した。タンプル大通りに一軒、サン＝マルク通りに一軒の二つの店は、二つとも彼女の配下の女たちによって管理運営されていた。（中略）この売春仲介業の婆さんは、差押えになった、どこかの婦人用の私室からひき剝《は》がしてきた窓掛けで作った花模様の緞子《どんす》の服を着て、こういった女の背で寿命の尽き果てる、売り物にはならない擦《す》り切れたカシミアのショールをひっかけてやって来た」（バルザック『娼婦の栄光と悲惨　悪党ヴォートラン最後の変身』飯島耕一訳　藤原書店　以下、同書）

アジアが店を構えて、銀行家のニュシンゲンに絶世の美女の娼婦エステルを取り持とうとしたのが、ヌーヴ＝サン＝マルク通りの古着店だった。この店の描写もまた見事である。「一週間このかたニュシンゲンは、ほとんど毎日、ヌーヴ＝サン＝マルク通りの店に行って、自分がぞっこん惚《ほ》れた女の引渡し値を値切っていた。その店ではアジアが、ある時はサン＝テステーヴの名で、ある時は自分が作った名であるヌリッソンのかみさんの名でふんぞり返っていた。着ているものはもはや衣裳とは呼べないにしても、まだボロにはなり切っていない恐るべき状態の、どうしようもなくご立派な身仕度であった。こういった出で立ちと、この女が作ってきた自分の顔は、この手の店がパリのもっとも不吉で陰鬱《いんうつ》な特色を備えているために、それとうまく調和が取れていた。店には、『死神』の痩《や》せ細った手が投げ出した古着があったり、ショールの下にかくされてはいるが、肺の病のぜいぜいする息が聞こえたり、金のラメのついたドレスの下に、貧窮の苦悶《くもん》がのぞいていたりした。

（中略）。老婆は、入れ物、つまり女抜きのドレスか、ドレス抜きの女を買うようになっている！　アジアは徒刑場の見張り人や、屍体《したい》にとりついて嘴《くちばし》を赤く染めた禿鷹《はげたか》と同じように、自分の居心地のいい場所にいるのだった」

「女抜きのドレスか、ドレス抜きの女」とは言いも言ったり！　今日の東京でも、もしかすると、この手の商店のカウンターでは、アジアのような「忌むべき女」が手ぐすね引いて獲物がかかるのを待ち構えているのかもしれない。そこは「需要」と「供給」が出会うマーケットだから、それも当然なのである。

取り持ち女の仕事

バルザックのマダム・ルスルス以外に、取り持ち女（プラスーズ）を描いて一読忘れがたい印象を残すのが、第二帝政期の政府主導の「地上げ」を巡る利権争いを描いたエミール・ゾラの傑作『獲物の分け前』である。

この小説を読むと、第二帝政から第三共和政にかけての社交界（モンド）と半社交界（ドゥミ・モンド）とは裏でつながっていて、密かな行き来があったことがわかるが、その裏と表のつながりを支配していたのが主人公アリスティッド・ルーゴンの妹シドニー・ルーゴン、通称シドニー夫人である。

シドニー・ルーゴンはプラッサンの代訴人見習いと結婚して果物屋を始めるべくパリに上ったが、夫が行方《ゆくえ》をくらまし、店も倒産してしまったので、生活の糧を得る手段として斡旋業を始める。すなわち、娼婦として人気の出そうな素質の女の子をスカウトしてプロに育てるプラスーズである。

では、プラスーズとして、シドニー夫人はなにを隠れ蓑として使っていたのかというと、これが例によって女小物の一つ、レースを扱う店である。

「彼女はフォーブール・ポワッソニエール街の、三間からなる狭苦しい中二階に住み、この住居の下にある店も借りていた。謎めいた小さな店で、彼女いわく、ここでレースを売っているとのことであった。ショー・ウインドーにはなるほどギピュール・レースやヴァランシエンヌ・レースの切れ端が金色の金具にぶら下がっていたが、中に入ると、艶《つや》のある木張りの間は待合室のようで、商品など影も形もなかった。入り口とショー・ウインドーには薄いカーテンがかかって、店が通りから覗《のぞ》かれぬようになっている」(エミール・ゾラ『獲物の分け前』中井敦子訳 ちくま文庫 以下、同書)

シドニー夫人が一階と中二階の両方を同時に借りたのは、二つの空間が秘密の階段でつながっていて、男女が別の入口から入ってこられるようになっていたからである。ちなみに、中二階の部屋はパピヨン街から出入りするようになっていた。

ところで、この中二階の部屋には、どこから拾ってきたかわからぬような見切り品の雑貨や小物、便利商品、創意工夫の発明品、それにピアノなどが雑然と置いてあったが、こちらは販売のためというよりも、カムフラージュのためで、主たる「商品」は、ピアノの置いてある寝室の「ベッド」であった。

「この部屋はあだっぽく飾りつけられ、いかにも店舗然とした色々な物が散らかった他の二部屋と対照をなしている。彼女はこの二つの商売を完璧な方法で行っていた。中二階の商品目当てに来る客はパピヨン街に面した正面入り口から出入りした。この自称レース商人が携わる裏商売を知るためには、秘密めいた小さな階段に入りこまねばならなかった」

彼女は店別に名前を持っており、中二階の店ではトゥーシュ夫人、一階のレース店ではシドニー夫人と名乗っていた。では、この二つの名前と二つの店は、いったいどのように機能していたのだろうか？

「女性客がシャンティー・レースを見に来ることになっている。この客がやってきて、人目につかぬ覆い隠された店に影のように滑り込んだ。この時、パピヨン街の正面入り口から男性が一人入って、中二階のトゥーシュ夫人のピアノも見てゆくということもよくあった」

つまり、シドニー夫人＝トゥーシュ夫人は、バルザックのマダム・ルスルス＝サン・テステーヴ夫人と同じく、認可を受けない秘密のデート・ハウス（メゾン・ド・ランデヴー）を営んでいたのである。そして、シドニー夫人の容姿・風体もまたバルザックの描くマダム・ルスルスによく似ていた。

「シドニー夫人は三十五歳であったが、およそ身なりに構わず、挙措に女っぽいところがまるでなかったから、はるかに老けて見えた。実のところ彼女には年齢がなかった。いつも着ている同じ黒い服は、着古して襞《ひだ》が擦り切れ、よれよれに白っぽくなっていて、法廷の柵《さく》でこすれた法服のようであった。黒い帽子を目深にかぶって髪を隠し、ドタ靴を履いて通りを闊歩《かっぽ》し、把手《とって》を紐《ひも》で繕《つくろ》った小さな籠を下げていた。肌身離さず持っているこの籠は、一大世界をなしており、半開きにすると、あらゆる種類の見本、手帳、紙入れ、そして幾束もの公文書用紙が出てきて、彼女はその読みにくい字を見事にすらすらと解読した」

しかしながら、ゾラに言わせると、こうした売春斡旋業は、じつは、夫人のメインの職業ではなかった。というのも、夫人が本当の情熱をもって行っていたのは、各家庭に巧みに入り込んで、その家庭の悩みを探りだし、解決法を提案することであり、これが時として膨大な利益を生むことがあったからだ。

「他人の家に入り込み他人の問題に首を突っ込んで生活している彼女は、依頼と提供の生きた目録であった。急いで結婚させねばならぬ娘が、三千フランに困っている家庭が、三千フラン貸してもよいが確実な担保をとって高利でという老人が、どこにいるかわかっていた。もっと微妙な問題にも通じていた。夫に相手にされず、誰かにかまってもらいたくてたまらない金髪女の悩み、娘を是非とも高く売りつけたい良き母親の密かな欲望、夜食と小娘が大好きな男爵の嗜好《しこう》、など」

シドニー夫人は、ようするに、それぞれの家庭の抱えている「需要と供給」をうまく引き合わせるブローカーの役目を果たしていたのである。そして、そのうちに、次第に表の社交界にも裏の半社交界にも通じる万能鍵のような存在になっていったのだ。

『獲物の分け前』の主人公であるサカールことアリスティッド・ルーゴンが、金満家への歩みを始めることができたのも、こうした「情報通」シドニー夫人のささやきによる。すなわち、プラッサンから上京したサカールは、第二帝政の大立者の地位に上りつめた兄ユジェーヌ・ルーゴンの斡旋により、パリ市道路管理官補佐という職を与えられた結果、パリ市が開始する都市改造の見取り図に通暁するにいたる。つまり、今後、どこがどう開発されて、地価の高騰をもたらすかを一元的に把握できるポジションについたわけで、もし、金が手元にあって買収予定地をあらかじめ買い占めておくことができれば、濡れ手で粟《あわ》で大儲けができるはずなのだ。だが、上京したばかりの彼には一銭も金がない。そこで、妹のシドニー夫人に相談を持ちかけると、シドニー夫人は次のような謎の言葉をはいたのである。

「ああ、あんたが結婚してなけりゃね！……」

シドニー夫人のつぶやきの意味は、やがて、サカールの妻のアンジェルが重病となり、死の床に臥《ふ》せたときに明かされることになる。瀕死《ひんし》のアンジェルのあえぎが聞こえる隣の部屋で、シドニー夫人はサカールにこう語り始めたのである。

「ある若い娘をすぐに結婚させたがってるの。この娘は間違いをおこしてね、叔母さんが自分がお金を出すから何とかしてくれって言ってるのよ……」

サカールが急き込んで問いただしたところ、シドニー夫人は、大金持ちの司法官の家で、修道院を出たばかりの娘が妻子ある男に誘惑されて妊娠したため、結婚の意志のある独身男を探しているのだと語った。


「その娘はいくつ?」

「十九」

「妊娠はいつから?」

「三ヵ月。たぶん流産するだろうけど」

「で、家は金持ちで名門?」

「古いブルジョアジー。父親はもと司法官。すごい財産」

「叔母さんはいくら出すって?」

「一〇万フラン」


この会話ですべてが決まった。妻のアンジェルは隣室で二人の話を漏れ聞き、もし自分がこのまま死ななかったらサカールに絞め殺されるのではないかと恐怖におののいたが、最後はすべてを許し、従容《しょうよう》として死に赴いた。

こうして、サカールは大富豪の娘ルネと結婚して巨額の持参金を手に入れ、それを元手に地上げに乗り出していくのである。

一方、ルネはというと、愛のない結婚生活に倦《う》み、サカールと前妻の間に生まれた息子マクシムと不倫の関係を結んでしまう。あげく、社交界で愛人を次々に取り替え、次第に危険なアヴァンチュールに密かな喜びを覚えるようになってゆく。こうしたルネの変身にも、シドニー夫人が一役買うことになるのである。

ある暑い日のこと、ルネは気まぐれを起こして実家に徒歩で出掛けた帰り、サン＝ポール河岸から若い男に跡をつけられるという刺激的な経験をする。

「家に帰らず、タンプル街に入り、追ってくる男に大通りをいくつも歩かせた。そのうち男は大胆になり焦ってきたので、ルネは少しうろたえて気が転倒し、フォーブール・ポワッソニエール街に入って夫の妹の店に逃げ込んだ。男も追って入ってきた。シドニー夫人はにやりと笑い、事情をのみこんだという顔をして、二人きりにしてくれた。そして、ルネがシドニー夫人についてゆこうとすると、見知らぬ男は彼女を引き留めて、上ずった声ながら礼儀正しく話して、赦《ゆる》しを得た。ジョルジュという名の雇われ人で、彼女は決して姓をたずねなかった。その後二度、この男と逢いにここに来た。彼女は店側から、彼はパピヨン街から入った。街路で見つけて拾ったこの行きずりの情事は、彼女にとって最も強烈な快楽の一つとなった。彼女はいつまでもこれを、少し恥ずかしい気持ちで、だが一風変わった後悔の笑みを浮かべて、思い出した。シドニー夫人はこのアヴァンチュールで、とうとう兄の後妻の共犯者となった。これは、結婚の日以来、欲しくてたまらなかった役どころである」

金儲けのことしか考えない夫にかまってもらえず、刺激を求めて街に出るセレブ夫人という図式は、いまも昔も変わりがないようである。また、そうした人妻とナンパ男をマッチングする取り持ち女が現れるという構図も同じである。シドニー夫人のような女は、社会にそうした需要があるかぎり、必ず出現するものなのである。

シドニー夫人は、このことがあって以来、ルネが金詰まりに遭って、自分のところに訪ねてくる日を心待ちにしていたが、ついにその日がやってきた。ルネが夫に内緒で振り出した浪費の手形の支払いに困ったあげく、シドニー夫人の店に姿を見せたのだ。

シドニー夫人は、こみあげてくる嬉しさを押し殺して、さりげなく「何かお話があるのかしら?」と尋ね、ルネにご執心の鼻下長《びかちょう》紳士ド・サフレのことに話を持っていった。そして、ルネが明日までに五万フラン必要としていると答えると、ズバリとこう答えた。

「わたしだったら、どうするかははっきりしてる……ド・サフレさんに頼むわ、あっさりと」

ルネが承知しようかどうか迷っていると、呼び鈴がなった。シドニー夫人はドアを開けにいき、戻ってくると、ルネの耳元で「まさかと思うでしょうけど、首尾は上々よ。ド・サフレさんが来てるの」とささやいた。当然、こうなることを予想して、ド・サフレを呼びつけていたのだった。驚いたルネが逃げようとすると、夫人は声をあらげて脅しにかかった。

「ふん！　とっとと失《う》せろ、この売女《ばいた》！　落とし前はつけてもらうからな」

これぞ、女衒女のど迫力！

いかに上流社会がきらびやかに見えようとも、そこに金銭の流れがあり、勝者と敗者が生まれる必然がある限り、苦海に沈む女と、その女の足をさらに引っ張って利益を引き出そうとする女というものが存在する。

まさに、ああ、無情！　しかし、これが金銭の掟《おきて》なのであり、売春の掟なのである。

社交界・半社交界の女衒たち

ゾラやバルザックの作品に登場する高級娼婦の生態を一つの史料として読み込んでいくと、マダム・ルスルスやシドニー夫人とは明らかにジャンルの異なる、別種の「女衒女」に出あうことがある。

それは、考えてみれば、いかにも面妖な存在である。なぜなら、すでに定まったパトロンがいる高級娼婦の周りに出入りする「女衒女」であるからだ。

ゾラの『ナナ』に出てくるトリコン夫人というのは、こうしたパトロンのいる高級娼婦を扱う「女衒女」の一人だ。

「ヴァリエテ座」での衝撃のデビューの翌朝、オスマン大通りの豪華なアパルトマンで目を覚ましたナナははなはだ機嫌が悪かった。というのも、ロシア人の大富豪に囲われながら、何人かの愛人を束ねた「株式会社」のような形態で浪費生活の資金を調達していたにもかかわらず、その日、ナナはどうしても決済しなければならない三〇〇フラン（約三〇万円）が手元になかったからだ。

「三期分の家賃の滞りがあるので、家主は差押えをするといっているのである。それに加えて、貸馬車屋、反物屋、仕立屋、炭屋、その他の債権者の群が毎日矢の催促にやってきて、控えの間の椅子に頑張って動かなかった。なかでも炭屋は猛烈で、よく階段で怒鳴りちらした。けれども、ナナの一番大きな悩みのたねは、子供のルイであった。ルイはナナの十六歳のときに産んだ子で、ランブイユの近くの或る村に里子に出してあった。ルイを引きとるなら三百フランよこせと里親がいってきていた」（エミール・ゾラ『ナナ』川口篤、古賀照一訳　新潮文庫　以下、同書）

ナナは、しばらく前にルイに面会して以来、激しい母性愛の虜《とりこ》となってしまい、なんとかして里親に金を払って息子を引きとり、伯母のルラ夫人に預けようと思っていたのだが、ちょうど今日、ルラ夫人が訪ねてくることになっていたので、是が非でも三〇〇フランがほしいと思ったのに、それがどこにもなかったのである。

打ち明け話を聞いた部屋付き女中のゾエは、そんな金ならパトロンのだれかに払ってもらえばいいではないかと言う。すると、ナナはみんなケチん坊だから追加の金なんか出してくれるわけがないと否定し、「三百フランぽっちくれる人を一人も知らないなんて」と嘆息する。

すると、ちょうどそこにトリコン夫人と名乗る女が現れる。

「背の高い、巻髪をした、まるで顧問弁護士を訪ねてきた伯爵夫人といった物腰の老婦人を、ゾエは案内してきた。そして、だれか男が来たときにいつもするように、体をかわし、まるで蛇のように滑かな身のこなしで音もなく、部屋から出て行った。トリコン夫人は腰も下ろさず、短い言葉を交わしただけだった。

——今日、一人あるのだけれど……いかが？

——いいわ……いくら？

——二十ルイ。

——で、何時？

——三時……。じゃ、いいわね？

——いいわ。

トリコンはすぐに天気の話に移り、空気が乾いているから外を歩くと気持ちがいいとか、まだこれから四五人の人に会わなければならないとか話した。そして、小さな手帳を見ながら帰って行った」

このように、時間と値段を告げるだけで交渉が成立するところを見ると、ナナとトリコン夫人はすでに久しい以前から取引関係にあることがわかる。ちなみに、二〇ルイというのはフランに換算すると四〇〇フラン、現在の貨幣価値なら、約四〇万円に当たる。

問題は、一回の売春代としてのこの金額をどう考えるかにある。トリコン夫人が取り持つ相手の男がナナの正体を知っているとしたら、それは安すぎる。

しかし、逆に知らなかったら、相当に高額である。おそらく、トリコン夫人は、かなり曖昧な表現で男の気を引くようにしながら、絶対に身元を明かさないように話を進めたのだろう。そうでなければ、この中途半端な金額は出てこない。

さて、ナナは、絶対的に必要な金を工面するため「臨時のアルバイト」に出掛けることになるのだが、興味深いのは、ナナに「寄生」している親戚のルラ夫人や友だちのマロワール夫人がちゃんと、この臨時のアルバイトの内容を知っているように思われる点である。

「――さあ、元気を出して！　とナナはまた欠伸《あくび》と伸びをしながら、だるくてたまらぬ様子で言った。もう向うに着いてなきゃいけない頃なんだから。

そうは言っても、ナナは一向に神輿《みこし》を上げなかった。（中略）

すると、点数を数えていたマロワール夫人が、例の含み声ではげました。

――さあ、早く。すまして来た方がいいですよ。

――早くなさいな、とルラ夫人はカルタを切りながら言った。四時までにお金を持ってきてくれれば、私は四時半の汽車に乗れるんだから。

――ああ、そんなに手間取らないことよ、とナナは呟《つぶや》いた」

ナナが出ていって留守をしているあいだにも、前夜のヴァリエテ座のデビューを観たり、評判を聞き付けたりして、パトロンになりたいという望みを抱いた金満家たちが続々とアパルトマンに駆けつけてくる。ゾエは鉢合わせしないように、彼らをいろいろな部屋に分散して待機させておく。

なんという矛盾！　ナナは、さしずめ、ストックはあるのにフローがないため街金に頼らなければならない中小企業のようだ。

四時十五分を過ぎてから、ようやくナナは戻ってくる。歩いてきたのか息を切らせ、顔を真っ赤にして帰ってきた。

ゾエと二人の夫人から遅刻を責め立てられると、ナナは癇癪《かんしゃく》を起こしてこう叫ぶ。

「――私が遊んできたとでもお思いなの？　いつまでも埒《らち》があかなかったのよ。あなた方に見てて貰いたかった位だわ……じりじりしてきて、よっぽど横っ面を張り飛ばしてやろうと思ったくらい……」

ことほどさように、大豪邸に住み、崇拝者から次々に求愛されながら、その日のうちに必要な三〇〇フランがないために、ナナはトリコン夫人の持ってくる話に乗ってしまうのである。

ところで、ストックはあるのにフローがないという点では、ドゥミ・モンド（半社交界）に生きる高級娼婦も、モンド（社交界）に生きる大貴族や大ブルジョワの夫人も、基本的には変わりはない。ツケがきくものは夫に回せるが、どうしてもツケがきかないという商品はあるし、夫には話せない出費も出てくるからだ。

前項、登場してもらったシドニー夫人は、まさにこうした必要不可欠な出費に苦しむ社交界夫人専用の「女衒女」だったが、じつをいうと、こうした商売をしていたのは、シドニー夫人だけではなかったのである。

シドニー夫人は、自分の口利きでサカールの後妻に納まったルネを、これは男好きのする美人だからおおいに引きがあるはずと見込み、さっそく食い物にしようと目論《もくろ》んだのだが、その目論見はもろくも崩れる。

「金銭取引としての結婚をまとめつつ、彼女自身もまたルネをものにし、自分の顧客の一人にして多大な利益を引き出そうという心積りであった。目利きが馬を見るように、彼女は女を一目で値踏みした。それゆえ、新婚夫婦が落ち着くのにひと月放っておいた後、サロンのど真ん中にド・ロヴランス夫人が君臨しているのを見ると、がっくりきて、時すでに遅いのがわかった」（エミール・ゾラ『獲物の分け前』中井敦子訳　ちくま文庫　以下、同書）

このド・ロヴランス夫人というのは、古い名門貴族出の二十六歳の美女で、金融界の大立者と結婚したが、夫が吝嗇《りんしょく》で、妻が次から次へと帽子屋や仕立て屋に注文した品の請求書の支払いを拒否したため、仕方なく、「臨時のアルバイト」に身を染めなくてはならなくなったが、どうやら、そのとき、こうした目に遭っているのは自分だけではないということに気がついたらしい。つまり、自分は裏方に回って他人を働かせ、その上前を撥ねようと決意したのだった。

「自分は男が大嫌いだと言っていたが、女友だち皆に男をあてがっていた。プロヴァンス街の夫の事務所の上階にある彼女の住居は、いつも豊富な品揃えであった。ここで、ちょっとしたおやつをいただき、思いがけない素敵な出会いがあるのだった。若い女の子が、大好きなド・ロヴランスさんに会いにゆくのに何も悪いことはないのであり、もし偶然そこに殿方がいたらお気の毒さま、であった。ただし、この殿方たちはとても丁重な物腰の上流社会の方々である。この家の女主人は、たっぷりしたレースの部屋着にくるまってとても綺麗だったから、訪ねてきた男が、そこに集められている金髪や褐色髪の女たちよりも彼女自身を所望することがよくあった。しかし噂によれば、彼女の身持ちの良さは完璧で、商売の秘訣《ひけつ》の全てはここにあった。彼女は社交界で高い地位を保ち、あらゆる男性を友人とし、操正しき女として矜持《きょうじ》を保ち、ほかの女たちを躓《つまず》かせては密かな喜びを味わい、転落させては儲けていた」

バルザックは、こうした「社交界内売春」とその斡旋所のことはあくまでほのめかしに止《とど》めているが、一方、ゾラは徹底取材で歴然たる証拠を発見し、腐り切った社交界を告発するつもりになったのか、シドニー夫人とはちがった「女衒女」が存在していたことをこうして、しっかりと書き留めたのだ。

「シドニー夫人はこの新しいやり方のメカニズムを理解したとき、臍《ほぞ》を噬《か》んだ。旧派、つまり買い物籠の底にラヴレターを隠して持ち歩く古い黒服を来た女が、お茶を飲みながら自分の居間で女友だちを売る貴婦人という新派にぶつかったわけである。新派の勝ちだった。ド・ロヴランス夫人は、シドニー夫人のしわくちゃ衣装を冷たい目で見、競争相手であることを嗅《か》ぎつけた。そしてルネが最初の厄介の種、若いド・ロザン公爵を受け取ったのは、ド・ロヴランス夫人の手を通してであった」

シドニー夫人がルネを自分の手駒として利用できるようになるのは、だいぶ後のこと、前回取り上げた、サン＝ポール河岸で男に追いかけられ、フォーブール・ポワッソニエール街にあるシドニー夫人の店に逃げ込んだときの事件がきっかけだった。

「シドニー夫人はこのアヴァンチュールで、とうとう兄の後妻の共犯者となった。これは、結婚の日以来、欲しくてたまらなかった役どころである」

ストックはあってもフローの欠如しているところには、かならずや、その不足を工面してやろうと甘い話をもちかける「業者」がいるものなのである。しかも、それには「旧派」と「新派」が存在するのだ。

高級娼婦と小間使い

高級娼婦というのは、その存在形態からみると、たんなる個人というよりも、むしろ法人に近い。そのため、なにもかも一人でこなすわけにはいかず、何人かの専属スタッフが必要になる。

その専属スタッフの中で最も重要なのが、「ファム・ド・シャンブル」と呼ばれる小間使いである。なぜなら、小間使いは、高級娼婦にとって、たんに身の回りの世話係を務めるだけではなく、スケジュールを管理し、顧客同士が鉢合わせしないようアレンジするマネージャーのような役割も果たしているからである。

このマネージャー役の小間使いとして、われわれの記憶に強烈に残るのが、『ナナ』に登場するゾエである。

『ナナ』の第二章、ヴァリエテ座でスキャンダラスなデビューを飾った翌朝、ナナは十時過ぎになってからオスマン大通りのアパルトマンで目覚める。小間使いのゾエが、ナナに愛人の一人であるポール・ダグネがもう帰ったことを伝える。ナナが熟眠していたのを見て、起こさずに仕事に出掛けたのだという。ゾエが続けて、ダグネはまた明日来ると言っていたと伝言するや、ナナは急にうろたえる。

「――明日、明日だって、と、まだ眠りから覚めやらぬナナは繰返した。明日はあの人の日なの？

――そうですわ、マダム。ポール様はいつも水曜においでになります。

――あら、いけない。私忘れていたわ、と寝床の上に起き直ってナナは叫んだ。すっかり変ったのよ。そのことを今朝ポールに言おうと思ったのに……。あの人、黒ん坊とぶつかっちまうわ。一悶着《ひともんちゃく》おきるわよ！

――マダムは知らせて下さらなかったんですもの、私にわかりっこありませんわ。とゾエは呟いた。日取りをお変えになるような時は、私も心得ておくように、そう仰言《おっしゃ》って下されればよろしいのに……」（エミール・ゾラ『ナナ』川口篤、古賀照一訳　新潮文庫　以下、同書）

この台詞《せりふ》はまさにマネージャーのそれである。そして、マネージャーの常として、ゾエは、雇用者の台所事情にも通じている。

「それから二人［ナナとゾエ］は真剣な面持ちで話をした。三期分の家賃の滞りがあるので、家主は差押えをするといっているのである。それに加えて、貸馬車屋、反物屋、仕立屋、炭屋、その他の債権者の群が毎日矢の催促にやってきて、控えの間の椅子に頑張って動かなかった」

ゾエは金がないならパトロンの商人に訴えるべきだと正論を説くが、ナナはあいつは吝《けち》ん坊だから定額の一〇〇〇フラン（約一〇〇万円）以上は絶対に出しっこないし、愛人のダグネは株の暴落でスッカラカンだと反論する。一方、ゾエはこうした奥様の打ち明け話には慣れているので、同情しながら畏《かしこ》まって聞いている。

じつは、ゾエは、ブランシュ夫人という高級娼婦のところで働いていたのを、その働きぶりにほれ込んだナナが譲り受けたのである。事実、ゾエのマネージャーとしての辣腕《らつわん》ぶりは、高級娼婦仲間ではつとに有名だった。ゾエ自身もそれを十分自覚していたから、ときには、身の上話にかこつけて、自分の「戦歴」をご披露に及んだりした。すなわち、ゾエはベルシーの産婆の家に生まれて、さんざん苦労したが、あるとき、高級娼婦の小間使いという天職に目覚め、以来、その道一筋に歩んできたのだ。

「［ゾエは］いささか自慢げに、自分が小間使として勤めた夫人たちの名前を並べたてた。ゾエは夫人たちのことを、まるで自分が彼女等の運命を手中に握っていたかのように話した。もし自分がいなかったなら、浮名を流した夫人は一二にとどまらなかったろう。たとえば或る日のことなど、ブランシュ夫人がオクターヴさんと一緒にいるところへ、運悪く老主人がやってきた。そのとき私がどうしたと思召《おぼしめ》す？　私は客間を通るときに卒倒した真似《まね》をした。老主人はあわててかけつけ、コップの水をとりに台所へ走った。そのすきにオクターヴさんはずらかって了《しま》ったんです」

ことほどさように、腹心としての小間使いの力量は、客同士の鉢合わせをどうやって防ぐか、その機転の働かせ方にかかっていた。これなどは、赤坂や新橋の高級料亭の女将と一脈通じるものがある。

しかし、ゾエの最も重要な仕事は、それとは別のところにあった。客の筋をしっかり見極め、ナナに会うべき客とそうでない客を的確に進言することである。

たとえば、ゾエは、ナナが客間で待っている銀行家のシュタイネルには会いたくないとダダをこねると、子供をあやすように、諄々《じゅんじゅん》と説いてみせる。

「――マダム、よくお考えになって、シュタイネルさんにはお会いなさいましよ、とゾエは主人がまた莫迦《ばか》なことを仕出かしそうなのを見て腹を立て、身じろぎもせずに真剣な面持ちで言った」

ようするに、ゾエは、ナナに面会にやってくる崇拝者たちの一次選考も引き受けているのである。

そうしているところに、またベルが鳴って別の客が二人現れた。ゾエは玄関口で、名刺を受け取ると、もう、その段階で、一次選考を済ませてしまうのである。

「――マダムはお目にかかられますとお返事しました。お二人とも客間にお通ししました」

そして、ナナが、これはどんな客なのだと尋ねると、ゾエは年上の方はどこかで見たことがあるので知っていると答えた。つまり、以前に勤めていた高級娼婦の家の客だったから金満家のはずと踏んだのである。

ナナはこのゾエの言葉を信じて面会することにした。しかし、化粧室で着替えをしているうちにすっかり時間を食ってしまい、客を待たせた。すると、ゾエは再び機転をきかし、巧みな演出を考え出す。

「ナナが彼女の所謂《いわゆる》妃殿下のような物腰で客間に向おうとすると、ゾエはそれを引きとめた。そして自分から出かけて行って、ド・シュアール侯爵とミュファ伯爵を化粧室へ招じ入れた。その方がずっといいと思ったのだ」

案の定、ミュファ伯爵は化粧室に漂う鼻を刺すような強烈な香水の匂いにやられたのか、たちまちナナの虜になってしまう。ゾエの演出の冴《さ》えを窺わせるエピソードである。

しかし、筋がいい客か否かをかぎ分けるゾエの「理性」も、ときとすると、天性の高級娼婦であるナナの「直感」には及ばないこともある。というのも、銀行家のシュタイネルはいいパトロンになると判断したゾエが、ナナにシュタイネルとは会っておけと強く勧めると、ナナはこう答えたからである。

「あの人を手に入れたいんだったら、まず門前払いを喰《く》わしてやるのが一番の近道ってわけなのよ」

ゾエはひどく感心したような顔をして、シュタイネルを追い払いに出掛けた。高級娼婦の天才的な駆け引きは、「理性の人」であるゾエの考えを超えていたのである。

しかし、マネージャーとしての才能ということだったら、ゾエに勝る女はいない。ナナがミュファ伯爵をたらしこんでヴィリエ通りに豪華な邸宅を買わせると、満を持していたとばかりに、その才能を発揮し始める。

「己の運をきり開くために懸命なこの女は、自分の勘のよさを確信し、数ヵ月前から、ナナの今日あるを期して、静かに待っていたのである。今やゾエは、凱歌《がいか》を奏していた。（中略）ゾエがすべての切り盛りをし、どんな思いがけぬ厄介な事態が起こっても上手にさばいた。まるで劇場のようにきちんと段取りが決まっていて、大きなお役所のように統制がとれていた。それが正確無比に運転されたので、はじめの数ヵ月は、衝突も脱線も起こらずに済んだ」

多くの愛人たちが株式を持ち合う「ナナ株式会社」の総支配人といった趣である。だが。この株式会社、肝心の社長がムチャクチャだから、いかに総支配人がしっかりしていても早晩、綻《ほころ》びを見せ始めることになる。しかし、まさに、その綻びの中にこそ、ゾエは自分が生きる道を見出すのである。

「ただ、奥さまが、不用意なことや無分別や無茶なことをやって、ゾエをさんざん手こずらした。そんなわけで、だんだんゾエも張りが抜けて行ったが、それは、あとで償いをしなければならないような無茶なことを奥さんがして困らされる時こそ、一そう儲けになることに気づいたからでもある。そんな時には、贈り物がうんともらえる。彼女は、泥水から金貨を釣り上げるのだった」

これは、会社のトップがいい加減だと、副社長以下もモラル・ハザードを起こし、出入り業者からリベートを取って私腹を肥やすことしか考えなくなるのと同じである。「ナナ株式会社」の将来を早くも見切った総支配人ゾエは、自らの独立に向けて蓄財を開始したのである。すなわち、料理場担当、厩舎《きゅうしゃ》係もみんな納入業者にリベートを要求しているのをゾエは見て見ぬふりをし、自分の抜き取り分をその中に紛れ込ませるようにしたのである。

それればかりではない。ナナの浪費癖がひどくなると、ゾエがそれだけ儲かるという仕組みが出来上がっていたのである。

「一万フランもしたドレスも、二度ほど着たばかりでゾエに売り払ってしまわれたし、宝石類は引出しの底でくだけちったように消えてしまった」

その結果、ナナは前と同じように僅《わず》かな現金の持ち合わせもなくなり、数ルイの金をゾエに借りなければならなくなった。

かくして、ついに破局の日がやってくる。すなわちミュファ伯爵を始めとして、ありとあらゆる金満家の財産を呑み込んだあげくに「ナナ株式会社」が放漫経営で破産すると、ゾエは独立を決意する。マネージャーとして雇いたいという多くの高級娼婦たちからの申し出を断り、自分で身を立てるつもりであると宣言する。

「ゾエはラ・トリコンの仕事をゆずり受けようとしていたのだ。それこそが、長いあいだひそかに準備していた懸案であり、彼女の蓄えをつぎこもうとしている大金もうけの狙いであった」

ゾエは、いまや、「ナナ株式会社」ではなく、パリの高級娼婦全体を束ねる「ゾエ売春株式会社」の総元締めに変身しようとしているのである。

「彼女は唇をそりかえらせた。自分もとうとう《奥さま》になるのだ。十五年間も自分をこき使ったあの女たちを、僅か数ルイの手当でふみつけてやるのだ」

こうして、「ナナ株式会社」が破綻するのと入れ替わるように、「ゾエ売春株式会社」が密かに営業を開始することになるのである。

V

ブローニュの森の貴婦人たち

第I部ですでに述べたように、娼婦が出没する場所というのは時代、時代で微妙に変化し、ある時期には娼婦のメッカであった場所が別の時期にはしごく健全な場所に変わってしまう、あるいは、その逆に、なんの変哲もない通りがあるときから街娼のたむろする欲望地帯に変容する。つまり、ひとことで言えば、「パリ売春地図」というのは常に変化著しく、決して一定していないがゆえに、作成が極めて困難な代物なのである。そして、それは遊動性を旨とする私娼が売春の中心となっているパリの一大特徴であり、固定店舗型の管理売春中心の東京とは決定的に異なる点である。

だが、そうとばかりは言ってはいられない。売春の総合的研究を目指す本書では、「パリ売春地図」はなくてはならないアイテムだからである。とはいえ一九世紀においては、その「パリ売春地図」に大きな赤玉として示されるのがパレ・ロワイヤルとグラン・ブールヴァールであったことは明らかである。だが、これ以外の場所となると、まったく不明である。

私娼のメッカ「フォリ・ベルジェール」

かくして、資料を渉猟《しょうりょう》することにあいなったわけだが、ようやく格好の本が見つかった。第三共和政の初期にパリ警視庁公安警察長官を務めたギュスターヴ・マセ（在職一八七一—八四）の『パリの警察』（リブレリ・イリュストレ書店一八八四年刊）である。とりわけ、この本の第三部「サン・ラザールの獲物」は総合的なパリ売春研究に捧げられているので、警察サイドから見た共和政初期の売春の実態を知るのに便利である。

ギュスターヴ・マセは、パリの売春を語るのに大きく五つのジャンルに分け、それぞれ一章を割いている。すなわち、第一章「客引き行為」、第二章「売春に利用されている施設」、第三章「女子が給仕するブラスリ」、第四章「メゾン・ド・ランデヴー」、第五章「メゾン・ド・トレランス（公認娼館）」という分類だが、このうち、われわれにとって関係があるのは、第一章と第二章である。というのも、この二つの章では、遊動性に富む私娼の生態が扱われているからだ。

まず、第一章「客引き行為」から見てみよう。

マセが第一に挙げるのは、パリを囲む城壁（フォルティフィカシオン）およびブローニュの森とヴァンセンヌの森という二つの大きな森林公園において行われている売春である。というのも、こうした周辺地域で営まれる売春は、最底辺の娼婦によるものがほとんどで、性病伝染の危険性が極めて高いからだ。

中でも注目すべきは最底辺売春の中心地となっているブローニュの森である。

毎年、五月から秋にかけての天候の良い季節には、ブローニュの森は娼婦とヒモにとって、格好の稼ぎ場所となる。人通りの多い遊歩道を一歩離れて森の中に入れば、巡回している森林監視官や警官の目を容易に逃れることができるし、ベッド代わりになる下草も豊富なので、どこでも売春が可能となるからだ。それに、日本と違って森の中には蚊や蠅などの虫はあまりいないので、性行為も不快感なしに遂行することができる。

とりわけ、娼婦が出没することが多いのは、ロンシャンからヌイイに至る道のシュレンヌ門からマドリッド門の間の一帯である。バガテル庭園とその付属建物を含むこの平行四辺形の地域には、未成年と三十歳以上の娼婦が群れをなしている。

未成年が多いのは、シュレンヌやピュトーの洗濯作業場や染物工場の女工が給料の少なさを補おうとアルバイトに精を出すためで、客となるのはクルブボワやモン・ヴァレリヤンの兵営にいる兵隊たちである。一方、ほとんど四十歳に手の届きそうな三十女が多数見られるのは、メゾン・クローズを首になったり、中心街の盛り場では客を引けなくなったベテラン娼婦が流れてくるためだろう。

いずれも、狩り込みに遭って強制登録を強いられても定期的な衛生検査を受けることなく、住所不定のまま営業を続けるので、性病を撒《ま》き散らす可能性が極めて高い。

こうした底辺の下級娼婦たちは「ピエルーズ（石ころ女）」と呼ばれているが、それは、土ベッドではなく石ころだらけの地面で直接セックスに及ぶためである。この呼び名は、木作業場の近くで商売をする娼婦に対するものだという説もあるが、語源のことだから、はっきりしたことはわからない。

ブローニュの森南側のオートゥイユ池周辺のあたりは公園でも最も美しい地帯として知られるが、マセはここには娼婦以外にも「忌むべき行為に身を委ねる人々」がいるとほのめかし、「たまたま通りかかったさる大臣が、娼婦連れのヒモをステッキで殴って負傷させた」傷害事件を報告しているが、前後の事情については詳しくは語っていない。

では、マセの言う「忌むべき行為」とはいかなるものなのか？

この点に関して重要な証言を提供してくれるのが、すでに何度か引用したことのある酒井潔『巴里上海歓楽郷案内』（竹酔書房　昭和五年刊）という奇書である。

酒井潔は非常に探究心の旺盛だった人らしく、自らパリの売春地帯に足を運び、徹底的な調査を試みているが、そんな彼があえて売春以外のことに言及したのが「森」と題した一章である。すなわち、酒井はブローニュの森に出没する露出狂や覗《のぞ》き魔について語ると同時に、「全く素人《しろうと》離れのした密会」についても詳述しているのだが、それをマセの記述と照らし合わせてみると、マセの言う「忌むべき行為」というのはまずこれではないかと当たりをつけることができる。

「すばらしい自動車が、電燈を消して人気のない小道を、エンヂンの音も静かに、何か尋ねものでもあるやうな恰好で徐行する……と、別の自動車が、これも内外ともに暗くして静かに走つてゐる。それがふと前の自動車に出遭ふと、忽ち闇の中でパット一方の自動車から電光が煌めく……すると、他のくるまでも、探照の強烈な光りを投げかける。それが消えては点き、点いては消される。それが合図なのだらう。お互ひの間の合図なのだらう。後から来た自動車は静かに半回転して、先の自動車を追つて小道の方にその姿を消す……かういふのが第二第三とやつて来ては、殆ど同じやうな合図と回転とをして、これも同じ闇の中へ消えて行く。

ブローニュの森で客をユスるヒモ

その消えて行つた闇の中で、急に車が止る。と、各々の車から男が降り、女が降りる。それが無心に散歩でもするやうな恰好なのだ。……先刻五分間ばかり前までは、互ひに一面識もなかつたのが、今は全く意気相投じたと云つた様子で、各々一組づつの男女の姿は、闇の森に吸はれてしまふのである。

こんな組が、時によると五組も六組も出来ることがある。森中の空地は、かういふ速製の夫婦連れに軟い寝床の役を演じてくれるのだらう。

一体こんな暗闇で何をするのかしら。訊くだけ、それは野暮だ。唄の文句にもあるぢやないか、『それが何だか知らないが、ただ怪しいには違ひない』と。突然、おどけ顔の月が、雲間から現はれて、かういふ絵の上へ、朧げな光りを投げかける……僕は自分が恥ずかしいから、朧ろながら肉眼で見られるかうした光景には、眼を蔽っておかう」

酒井潔がこうした光景を目撃したのは一九二〇年代の後半だが、同じような現象は、マセが公安警察長官だった一八七〇年代から八〇年代にも観察されていたにちがいない。当時は、自動車はまだ登場していないから馬車がその代わりを務めていただけの違いである。馬車には御者がいたはずだが、御者は犬と同じく人間扱いされていなかったので、破廉恥《はれんち》行為にふける上流階級の人たちは恥ずかしさを感ずることはなかったのである。

今日では、こうした変態カップルたちの会合場所は、同じブローニュの森でもヌイイ寄りのドフィーヌ門近くに移動していると言われるが、マセの時代には、このドフィーヌ門近くの西側一帯は思いのほか物騒な区域で、娼婦とヒモが組んで行う美人局《つつもたせ》が行われていたようである。

娼婦が遊歩道で客を引いているのをヒモは草の上に寝転がりながら監視している。やがて客が寄ってくると、娼婦は人気のない森の暗闇に案内する。

「何かしらの合図があるらしく、娼婦は頃合いを見て約束をはるかに上回る金額を客に吹きかける。客がこれを拒むと、ヒモが現れ、客の胸倉を捕まえてさっそく脅しにかかる。『おい、分かってるのかい、おっさん。光りもの（二〇フラン硬貨）が要るんだぜ。こんなハクい女を相手に値切る手はないよな。それも森の真ん中でな。あんた頭悪いんじゃないの？　さあさ、覚悟をきめなよ』

二人は出来る限り多くを客からむしりとろうとする。客が要求された金額を渡すと、ヒモはこのマダムは結婚なさっているんだから亭主の俺様が不愉快になった分の慰謝料も必要なんだよと、追加を要求する。客は一刻も早く窮地を脱したいので、慰謝料の請求にも応ぜざるをえない。たいてい客は社会的地位のある人物なので、被害を警察に訴えることは九十九パーセントない。

しかし、だからといって、そうした客がこれに懲りてブローニュ通いをやめるのかというと、そうでもないらしい。危険が伴えば、快楽の味もまた増すからである。

かくて、ブローニュの森の魑魅魍魎《ちみもうりよう》は今夜もまた活発に活動を開始することになる。これは、マセの時代から今日まで変わらない。ブローニュの森の貴婦人たちは「永遠に不滅」なのである。

パリ売春地図

一八七〇年から一九四〇年まで続いた第三共和政は、デパートや万博など、人間の奢侈《しゃし》の欲望を肥大化させる多くの装置を誕生させたが、その奢侈への欲望を満たすに十分な賃金を得られるような労働を女性には与えなかった。つまり、大多数の民衆、とりわけ女性大衆にとって、ほしいものはいくらでもあるのに、自分で働いてそれを手に入れようと思っても、しかるべき職業がないという時代だったのだ。

第三共和政期が、売春の、それも個人営業的な売春の全盛時代だった裏には、こうした「働きたくても働く道がない」という状況が多分に関係していたのである。

そのせいもあってか、この第三共和政初期にパリ警視庁公安警察長官を務めたギュスターヴ・マセの『パリの警察』には、こんな所がと一驚を喫するような場所が売春地帯として挙げられている。たとえば、チュイルリ公園とリュクサンブール公園である。

チュイルリ公園とリュクサンブール公園

「一八七一年以後、チュイルリ公園は、極めていかがわしい連中の出会いの場となってしまったため、そこにモラルを確立するには、ジャーナリズムが絶えず書き立てなくてはならなかったほどだ」

ここで「一八七一年以後」とマセが強調しているのは、この年に起こったパリ・コミューンで、チュイルリ公園が大きな被害を受けたことを意味している。すなわち、ヴェルサイユ軍に追われたパリ・コミューンの反徒は自暴自棄になってナポレオン三世の居城だったチュイルリ宮殿に火を放ったが、その煽《あお》りを受けて、隣接する公園もひどく荒廃して昔日の面影をとどめていなかったのである。公園は国からパリ市に貸し出され、市の職員が警備を担当するようになったが、財政難で人員の補充ができなかったこともあり、かつては上流階級の集う社交場だった遊歩道は、いまや娼婦やヒモが闊歩する物騒な場所となり果てていたのである。ヒモは芝生やベンチでいぎたなく眠り、娼婦たちは花壇の花を髪につけてはしゃぎ回った。

マセは、夏にチュイルリ公園の巡回視察を行ったさい、公園のベンチと芝生に娼婦とヒモが十一人重なり合うようにして眠り、前夜の疲れを癒している光景に出会ったときの驚きをこう回想している。

「レジオン・ドヌール勲章を佩用《はいよう》した二人の老いた警備員はそれを見ても多勢に無勢だと判断したのか、この害虫のような恐るべき人山を父親のようなやさしい目付きで見守り、ただ、哲学者のようにパイプをふかしているだけだった」

公園の「プティット・プロヴァンス」という名前で知られた水辺のテラスはいまやかつての貧民街「プティット・ポローニュ」のような有り様となり、娼婦たちに稼ぎ場を提供していた。

「娼婦たちは、春が来てツバメが戻ってくるのを待ってはおらず、その散歩にはセンチメンタルなところなどいささかもない。夕方の五時を過ぎると、彼女たちはさっそく、胸のむかつくほどみだらな行為に率先して取り組むのである」

いっぽう、リュクサンブール公園はというと、こちらはあいかわらずカルチエ・ラタンの学生とサン・シュルピス教区の坊さん、それに乳母と赤ん坊の楽園ではあったが、それでもなお、数を増した娼婦軍団の侵略を受けずにはいられなかった。

ロマン主義の時代にミュッセやガヴァルニが謳《うた》いあげ、アンリ・ミュルジェールとプッチーニが「ミミ」や「ミュゼット（ムゼッタ）」のイメージで不滅なものとしたあの陽気で優しいグリゼットたちが、いまや俗悪な娼婦たちに変身し、（サン・ミッシェル大通りの）サン・ジェルマン大通りとスフロー街に挟まれた地域に、雨後のタケノコのように生まれたカブロ（女が給仕するカフェ）や濃厚サービスが売りのブラスリで働くようになっていたからだ。彼女たちは、休憩時間になるとリュクサンブール公園でしばしの安息を取ったが、その間も営業活動を停止することはなかったようである。

ところで、娼婦がいればヒモがいないはずはなく、リュクサンブール公園の平安はその分だけ脅かされることになった。すなわち、公園にたむろするヒモと学生の間に小競り合いが起き、そのたびに復讐戦が繰りかえされた。余波は近隣の商店街に及んだので、ヒモや娼婦の取り締まりを警察に要望する声が高まった。

「ヒモたちを逮捕するには、娼婦の逮捕から始めなければならなかったが、しかし、リュクサンブール公園とサン・ミッシェル大通りでは、狩り込み現場に折あしく学生が現れることが多く、こうした措置はなかなか取りにくかった」

カフェのテラスで街娼の品定めをする客

警察は娼婦の現行犯逮捕を心掛けたが、そのようなときには娼婦がきまって大声をあげて助けを求めたので、公園中から好奇心に駆られた学生が大挙して押し寄せ、警察の横暴を非難することが少なくなかったのである。リュクサンブール公園は反権力の意識が強く、警察にとってはまことにやりにくい場所だったのである。

ジャルダン・デ・プラント（動・植物園）

アンシャン・レジーム期には王侯が世界中からかきあつめた猛獣たちはヴェルサイユ宮殿内の猛獣園で飼われていたが、大革命以後は、王のための育種園だったジャルダン・デ・プラントに移された。そのため、ジャルダン・デ・プラントはその名の通り「植物園」でありながら、動物園も兼ねるようになったのであるが、このジャルダン・デ・プラントにさえ、娼婦は頻繁に出没したようである。

その理由として、マセはリュクサンブール公園とジャルダン・デ・プラントに挟まれたカルチエ・ラタン界隈の狭くて暗い通りの老朽化した建物に老残の娼婦たちがたくさん住みついていたことを挙げている。

「それは、性病に罹患《りかん》している上に、不潔で、醜く、骨ばった娼婦たちである。しばしば胡麻塩である髪は凝固して、服は形容のしようのないぼろと化しているが、こうした魅力の欠如にもかかわらず、娼婦たちは酔眼をギラギラと輝かせながら、早晩パリから姿を消すはずの特殊な酒場《キャバレー》の常連である石工やテラス職人や掃除夫などの気まぐれを満足させに行く。この手の底辺娼婦の中で最も清潔で身奇麗な若い娘たちが、昼の間にジャルダン・

デ・プラントに男をひっかけに出かける」

マセによれば、ジャルダン・デ・プラントに遊びに来た早熟な少年が、娼婦たちにかわいがられているうちに、次第にヒモとして頭角を現し、やがてたくましい悪党に成長してゆくことがあるという。

「ジャルダン・デ・プラントでの散策は、最悪の結果を生む可能性を秘めた散策である。にもかかわらず、監視はほとんどなされていないのだ」

マルシェ・オ・シュヴォー（馬市場）

今日、ジャルダン・デ・プラントを自然史博物館の門から抜け、ジュフロワ・サン・ティレール通りを下ってポリヴォー通りで左に曲がったあたりにあったのがマルシェ・オ・シュヴォー（馬市場）である。十九世紀には、馬車の引き馬として大量の馬が使われていたので、毎週、火曜日と土曜日には馬市場が定期的に開かれていた。

この馬市場には、馬喰《ばくろう》や御者のほか、駿馬《しゅんめ》を求めるあらゆる階層の男たちが出入りしていたので、カルチエ・ラタンやイタリー広場付近の陋屋《ろうおく》に住む老若の娼婦たちが、彼らを目当てに集まってきて、近くの怪しげな酒場や同伴ホテルに連れていっては、淫猥《いんわい》なサービスを提供していた。

「パリのこの一角はかなり特異な外観を呈することとなる。まっとうな労働者と悪党からなるその人口という観点からはピトレスクな要素に事欠かない。新しい建物の向こうに、いやその真ん中に、社会の泡粒のような人間たちに隠れ家を提供する本物の陋屋が存在しているのである」

マセが挙げている通りは、旧イタリー市門付近、ビュット・オ・カーユ界隈、ラ・ガール大通りとオビタル大通り、ビネル広場、ナショナル通り、アレヴィー通り、レ・ドゥ・ムラン通りなのであるが、こうした通りや広場に蝟集《いしゅう》して住む娼婦たちは、火曜日と土曜日には馬市場の出入口で、虎視眈々《たんたん》と獲物を狙っていたのである。

シャン＝ゼリゼ

今日の感覚からすると、ここにシャン＝ゼリゼの名前があがっているのは意外な感じがするだろう。シャン＝ゼリゼといえば、パリでも一、二を争う高級な盛り場だからである。だが、マセが公安警察長官を務めた一八七〇年代には、シャン＝ゼリゼは盛り場というにはほど遠く、ようやく、ロン・ポワンと凱旋門の間に邸宅が少しずつ建ち並び始めたにすぎない野趣豊かな環境だった。つまり、シャン＝ゼリゼといえば、遊園地やイッポドローム（競技場）などの郊外型の歓楽施設の多い場所としか認識されておらず、そのトポグラフィックなイメージも現代とは異なり、コンコルド広場からロン・ポワンまでの範囲に限られていたのである。

1930年のパリセックスガイド。

マセの回想に従うなら、「シャン＝ゼリゼには、娼婦が隊列を密にして現れ、激しく行き来していた。そのため、レストランやカフェ・コンセールやシルク・デテの常連客は、おのおの戦略的なポジションを取ろうとして右往左往しているこの娼婦軍団に出くわさざるをえなかった」のである。

日没前には保たれていた秩序は陽が落ちるとともに乱れ始め、あたり一帯は、魑魅魍魎の跋扈《ばっこ》する世界となる。観客がカフェ・コンセールから出てくると、娼婦たちの群れが彼らを取り囲んで放そうとしない。軽率な者が誘惑に負けて娼婦の言いなりになると、たちまちどこからか刑事だと名乗る男が現れて現行犯逮捕をほのめかす。客はその瞬間、家族の顔や自分の地位のことを思い浮かべ、自称刑事の言いなりになって、要求された金額を渡したほうが得策と判断する。

このように、シャン＝ゼリゼは「ぼろい商売」ができる天国としてヒモや娼婦には高く評価されていたのである。

娼婦たちの営業活動

フランスのように、売春が「個人営業」に限定されている国では、原則的に「営業」はどこで行ってもかまわないということになる。娼婦と客が意気投合しさえすればいいわけで、出会いの場所はどこと決まっているわけではない。

そのためか、ギュスターヴ・マセの『パリの警察』には、じつに驚くべき場所と手口が紹介されている。

まず、想像しやすいところからいこう。

乗合馬車（オムニビュス）

ジャン・ベローなどのパリ風俗画を眺めていると、乗合馬車に着飾った婦人が買い物籠やハンドバッグを片手に乗っている姿が描かれているが、もしかすると、あれは、一般客を装った娼婦だった可能性もあるのだ。というのも、マセはこんなことを報告しているからである。

「地味な身なりをして手に小包みを持った娼婦が乗合馬車の中で客を引いていることがある。その娼婦は、これから商店に品物を届けに行く女工に似ているが、じつは、路線馬車と同じ頻度でマドレーヌ＝バスチーユ間を往復しているのである。彼女の足や肘が道具として使われる。そして、もし隣の席の客が声をかけてこようものなら、彼女は巧みに馬車を降りて、カフェやレストランやホテルの前に立つ。声をかけた客が彼女の後を追わないはずはない」

鉄道駅

基幹鉄道の駅は、雨の日などには娼婦たちの避難所兼営業場所となる。娼婦たちは普通、二人一組になって知り合いの到着を待つふりをしているが、実際には、パリにやってきたばかりの、あるいは故国に帰る外国人をひっかける目的でそこにいるのである。駅の待合室には、娼婦と一緒にヒモたちもやってきて、ベルギーに帰る出稼ぎの労働者に声をかける。ベルギー人は、せっかく稼いだ金を娼婦につぎ込んで健康を失い、博打に引きずり込まれて金も失う。

だが、娼婦が一番多いのは、なんといってもサン・ラザール駅である。この駅は郊外線の発着駅で、郊外とパリを行き来しているサラリーマンや労働者が多いからだ。

郊外鉄道

娼婦がターゲットを狙うのは、郊外鉄道の発着駅ばかりとは限らない。郊外鉄道の中でも恒常的に客引きが行われているのである。

たとえば、手に小さなハンドバッグを持った女工風の娘が不安そうに列車の到着を待っている。じつは、彼女はこうしてキョロキョロしながら、狙いを付けるべき客を探し、その客の隣か前に座るように心がけているのである。

この娼婦がターゲットとしているのは、喫煙の許された一等車の客である。彼女はそのためにわざわざ定期券を買い込み、一日に五往復も六往復もしているのだ。

中には郊外鉄道を使っているリセの通学生をカモにしている娼婦もいれば、年とった好色漢が狙いの娼婦もいる。

いずれも、手口は似ていて、四人掛けの座席で、カモの前の座席に座り、そこで足を組んで肌色の靴下やふくらはぎが相手に見えるようにするのである。この時代には、下半身が少しでも覗くと男たちは異常に興奮したので、こうした誘惑をかけられたら、ひとたまりもなかったのである。

といっても、たいていはデートの約束をしたり、どこか途中の駅で降りてホテルを利用するかに止めていたが、中には大胆な者もいて、客車が空いていると、座席をベッド代わりにしてその場でことに及ぶケースもあったようだ。

いたようである。

競馬場

ゾラの『ナナ』にはヒロインが自分の所有馬のレースに熱中する場面が出てくるが、競馬場というのは意外にも高級娼婦にとっても低級娼婦にとっても、格好の草刈場となっていたようである。

まず、高級娼婦だが、貴族や大富豪が出入りする競馬場は、自分を目立たせるための最高の劇場であり、思い切り派手で目立つ衣装を着てスタンドやグラウンド（今日でもそうだが、フランスの競馬場では、トラックの真ん中の空間に自家用車を乗り入れて観戦することができる）に姿を現すことが、日曜ごとの重要な「営業」となっていた。

一方、低級娼婦の方は、勝ち馬を当ててあぶく銭を手にいれたホクホク顔の労働者やサラリーマンを巧みに誘って、その金を自分につぎ込ませるように仕向けるのである。

競売場

パリにはドルオー会館と呼ばれる常設の競売場があり、身の回り品から始まってありとあらゆるものが競売に付されているが、この競売場に恒常的に出入りする娼婦がいる。彼女たちは、競売に参加しているふりを装って隣席の暇人に巧みに足先や膝《ひざ》をすりつけたり、トイレにいくので小銭を貸してくれないかと頼んだりして（フランスでは公共トイレは有料のところが多い）、競売品よりもむしろ自分を落札するよう仕向けるのである。

劇場

劇場は、バルザックやゾラの小説にもよく出てくるように、娼婦たちにとって、またとない漁場であり、高級娼婦は専用のボックス席を持っていて、そこを「ショー・ウィンドー」にして自分を展示することに努めたが、それほど余裕のない低級娼婦は平土間や二、三階の桟敷席の定期券を購入して仕事場とした。たとえば、こんな会話が毎日のように交わされていた。

「マドモワゼル、お隣の席は空いていますか？」

「もちろんですとも、わたしと同じように空いていますわ」

辻馬車

鉄道駅や観光地で客待ちしている辻馬車が娼婦たちの客引きの道具に使われることが少なくなかった。御者とグルになった娼婦があらかじめ辻馬車に乗り込んで待機していると、そこに辻馬車を拾おうとする客がやってくる。客は先客がいたのかと諦《あきら》めかけるが、そのときすかさず娼婦がどの方面に行くのかと尋ねる。客がどこそこに行くと答えると、娼婦は「あら偶然ね、わたしもそちらに。なんでしたら、御一緒しません。割り勘で安くなりますから」という。かくして、客は娼婦の隣の席に乗り込み、密室での交渉が始まるのである。もちろん、その辻馬車がホテル代わりに使われることは日常茶飯事だった。

墓地

客引きのスポットとしては最も意外だが、いわれてみれば「なるほど」と納得のできる場所である。

一人の若い未亡人が、正装の喪服に身をつつんで、ある日の午後、墓地に出掛け、沈痛な面持ちで、さる墓石の前でたたずんでいる。悲しみに堪えないのか、崩れ落ちるように近くのベンチに座り、ハンカチで涙を拭《ぬぐ》っている。この姿を見て心動かされない男がいるだろうか？　喪服姿の美人というのはそれでなくとも男心をそそるからである。もちろん、これは娼婦で、毎日のように墓地でこうした演技を続けているのだ。

あるいはモーパッサンはマセのこの描写を読んだのだろうか、「墓場の女」という彼の短篇は、マセの描く娼婦と瓜二つである。

九月の中旬のあるうららかな午後、パリの街をぶらつくのが好きな独身男が外郭ブールヴァールを歩いていて、ふとモンマルトル墓地に足を向ける気になった。かつて自分を熱狂させた女が葬られているからだ。枯れ葉が風に舞い、あたりには物悲しい雰囲気がただよっている。その場を立ち去ろうとしたとき、ふと横を見ると、隣の墓の前でひざまずいている黒衣の女の姿が目に入った。クレープのベールをあげていたので、美しい顔が見える。深刻な苦悩に身をゆだねているのか、石像のように物思いに沈みながら、目を伏せている。やがて嗚咽《おえつ》が漏れ、女は首と肩を激しく動かし始めた。

「突然、女は目を覆っている両手を離した。涙でいっぱいになった美しい目が見えた」

（拙訳）

女は男に気づいたが嗚咽は収まることなく、さらに激しくなり、ついに意識を失って、墓石に倒れかかりそうになった。

男は驚いて駆け寄り、女を抱きとめながら、墓石の碑銘をチラリと見た。そこには「陸戦隊大尉ルイ・テオドール・カルルここに眠る。トンキンにて戦死」と彫られていた。

男は、女が数カ月前に死んだ亭主の喪に服していることを知り、感動したが、だからといって、抱き締める腕の力を抜いたわけではなかった。女を力づけ、慰めながら、「こんなところにいてはいけません。さあ行きましょう」と言って女の肩を抱きながら墓地を後にした。墓地を出るや、女が少し気持ちが悪いと言い出したので、男はこれ幸いと墓地の脇にあるレストランに女を誘い、紅茶を飲みながら女の身の上話に耳を傾けた。

女はこの世の中にたった一人残されたので寂しくて寂しくてしかたがないと訴えた。男は同情すると同時に助平心が湧いてきたので、女のアパルトマンまで送ってやると、辻馬車を呼んだ。

辻馬車が家の前で止まると、女は小声で言った。

「わたし、一人で階段を上れそうにありませんわ。五階ですから。わたしの部屋まで手を貸していただけませんでしょうか？」

もとより男に異存があろうはずがない。

戸口まで来ると女はお礼をいいたいから少し寄っていってほしいと訴えた。

部屋は質素だったがこざっぱりして整理されていた。女は女中を呼ぼうとしたが、女中は通いらしく、もう帰っていた。

女が帽子を脱いだ瞬間、男は可憐さに目を奪われ、強い誘惑を感じた。我慢できなくなって瞼《まぶた》の上にキスをした。女は抵抗するそぶりを見せながら「お願い」とだけ言ったが、その言葉は「お願い、やめて」とも「お願い、もっと」ともどちらにも解釈できるような曖昧《あいまい》さを含んでいた。そこで男は後者のほうだと解釈して突き進んだ。

「彼女は抵抗を示さなかった。トンキンで戦死した大尉の名誉を汚したあとで、二人が改めて顔を見合わせたとき、彼女は疲れているようにも、沈んでいるようにも、諦めたようにも見えたので、不安の念は消えてしまった」

二人はことが終わってから空腹を覚えたのでブールヴァールのレストランに行き、楽しい一夜を過ごした。

墓石の上で結ばれたこの因縁はそれから三週間ばかり続いたが、旅に出る必要ができたとき、男はしかるべき手切れ金を渡して関係を断った。

それから一ヵ月後、女に再会したくなった男はモンマルトル墓地を訪れた。するとなんとしたことか、女は別の死者が眠る墓の前で同じ演技を繰り返し、新しい男を引っかけていたのである。二人がこちらに歩いてきたので、男はすれ違いざまに軽く女に触れてみた。すると、女はすばやく瞬きを返したが、それは「知らないふりをしていてね」と懇願しているようにも、「また来てね」と訴えているようにも見えたのである。

ことほどさように、意外な場所であっても出会いは出会いであり、自然な出会いを演出できた分だけ、女の値打ちはあがるのである。

すべてはアイディア勝負。娼婦の世界でもこの真理に変わりはない。

飾り窓の女

メゾン・クローズで働く鑑札持ちの公娼（メゾン・クローズには、原則的に、公娼以外はいない）にとって、夢は、搾取の多いメゾン・クローズを出て独り立ちし、儲《もう》けを全部自分の懐に入れることである。

しかし、街頭で客を引く流しの街娼は、警察の狩り込みに遭いやすいし、客の中にも危ない奴がいるなど、いろいろとリスクが多い。

そこで、中間的方策として考え出されたのが、人通りの多い公道に面している部屋を借り、その窓を「ショー・ウィンドー」として使うという、「飾り窓の女」的営業スタイルである。

ただし、公娼がそうした部屋を借りたいと思っても、おいそれと貸してもらえるわけではない。いまとちがって、一人暮らしの若い女性に対する社会の眼は厳しかったから、家主の方でも警戒して公娼には部屋を貸そうとはしなかったのである。

そうなると、残る解決策は又借りしかないということになる。

つまり、正式な賃借人として店舗やアパルトマンを借りている人間から、公道に面した窓のある部屋だけを又借りするのであるが、よくしたもので、こうした形での賃貸契約に応じる賃貸人はかなり多かった。

もちろん、家主との契約では又貸しは禁じられていたのだが、娼婦への又貸しの場合は、相手の弱みにつけこんでベラボウな金額を要求できたので、零細な商業を営む商人や一般の間借り人にとって、リスクよりも金の誘惑の方が強かったのである。ギュスターヴ・マセは『パリの警察』の中で次のように述べている。

「配置、ロケーション、顧客などの面から見て、文字通り、『商売の資本』になるような住居というものが存在した。こうした住居の窓は、娼婦たちから狙われ、期待され、プレミアが付けられた。

私はこうした住居を五十箇所ほど知っているが、いずれも、家具は一度も取り替えられず、そのまま居抜きで転売される。なぜなら、ロケーションが良く、窓が外から見えるような部屋は、つねに看板として機能し、客を《登楼させる》のに適しているからである。サン・ドニ通りやフォーブール・サン・ドニ通り、サン・マルタン通りやフォーブール・サン・マルタン通りなどでは、こうした部屋は公娼にしか借りられていない。彼女たちは、三〇〇〇、四〇〇〇、ときには五〇〇〇フランも払って貸してもらっているのである。

酒屋、炭屋、果物屋などは、自身は店の中で眠って、自分たちの寝室を目の玉が飛び出るような金額で娼婦に又貸ししているのである」

ちなみに、マセがこれを書いていた第三共和政の初期には、一フランは約一〇〇〇円と換算すればよかったから、三〇〇フランというのは三〇万円、五〇〇〇フランなら五〇〇万円ということになる。もちろん、これは年額だが、当時の下級公務員の給料が年額一五〇〇フランくらいだから、やはり大変な金額といわざるをえない。

もっとも、一年を通して又借りを希望する娼婦はやはり少なかったようで、この金額を月割り、週割り、ないしは日割りしたものが、実際の賃貸相場を形成していたのである。商人と娼婦の間で取り交わされた契約書のいくつかを検討したマセは、次のように書いている。

「こうした部屋の平均的な賃貸料は日割りで六フランだった。年に直せば、二一九二フランということになる。半世紀以上にもわたって、同一の部屋が同じ用途に用いられているのである」

この記述から、一つわかることがある。

それは、おそらく、商人たちに店舗やアパルトマンを貸している家主も、公然の秘密として、この又貸しを承知し、商人や間借り人たちが娼婦に又貸しする金額を見込んで、家賃を高めに設定していただろうということだ。いいかえると、娼婦に又貸しする商人や間借り人たちだけがボロ儲けをしていたわけではなく、家主もしっかりと儲けていたということである。娼婦がメゾン・クローズをやっとの思いで抜け出して、搾取から免れたとしても、次には、一般人による搾取が待っていたのである。

しかし、このような搾取を受けようとも、人通りの多い公道に面した窓を確保できるなら、それだけで、相当の稼ぎが期待できるから、個人営業の娼婦としてはこの苛酷な条件も呑まなくてはならなかった。

では、具体的に窓際に陣取った娼婦たちは、どのようにして、自分が堅気の女性ではなく、「営業中」の女であることを知らせていたのだろうか？

「半分上げたブラインドに、彼女たちは色鮮やかなリボンでもって園芸用の小さな玉を吊るしておく。また、ガラス窓の下側には、支柱の上部くらいまで、鉢植えの花や鳥かごを置いておくが、自分の顔を見せることのできる空間はしっかりと残しておく。そして、低い椅子に座って、訪問希望の愛好家たちに仕草で承諾をさせて招くのである」

だが、こうしたシグナルだけでは、鈍感な男たちには「営業中」であることが伝わらない場合がある。たとえば、この私である。

あれは初めてパリの土を踏んだ一九七九年の夏のこと、モンパルナスの裏通りにある「カトルズ・ジュイエ・ド・モンパルナス」という名画座にヴィム・ヴェンダースの『アメリカの友人』を見にいった帰りと記憶する。

映画が終わった後、夜更けに一人、通りを歩いていると、煌々《こうこう》と明かりの灯った窓から一人の女がこちらに向かって手招きしているのが見えた。私は、このとき、うかつにも、それが営業中の娼婦だとはまったく気づかず、「何だろう？」と首をかしげながら、窓の下まで行き、「Qu'est-ce qu'il y a?（何でしょうか？）」と馬鹿丸出しで尋ねてしまった。

すると、女は突然、ゲラゲラ笑い出したので、私は、ただからかわれただけだと思い、プリプリしながら、その場を立ち去ったのだが、もし、あのとき、多少とも事情に通じていたなら、もっとしっかりと会話を交わして、「窓辺の女」というものを観察できたのにと、悔やまれてならない。インターネットの普及した今日では考えられないこうした営業形態が当時はまだ残っていたのである！

閑話休題。

このように鈍い男というのは、娼婦が窓辺からいくらシグナルを送っても気づいてくれないことがあるので、ときには、それとはっきりとわかるサインを示す必要がある。

「パリの中心街、たとえば東駅近くのアルザス街、メッス街、フォーブール・サン・ドニ街、フォーブール・サン・マルタン街、タンプル街などでは、娼婦たちはもっと慎みを欠いた姿で窓辺に姿を現す。ある女たちはこれみよがしにタバコを吸ったり、客用の制服である派手な部屋着に身をくるんで姿を見せ、声や仕草で直接的に客に呼びかける。またある女たちは、よい季節には、一日中、しどけない格好で座っている。つまり、コルセット姿で乳房をむきだしにして、下の通りを女・子供が歩いていようと一切気にかけず、窓辺に腰掛け、口や指の助けを借りて、自分たちの職業に誤解が起きないように作戦を遂行するのである」

夜ともなると、緑や青のランプシェードをつけたランプを小卓の上に置いて効果を高めるが、この種の色彩というのは、慣れた客には、すぐにそれとわかる合図の役割を果たしていたのである。日本では「紅灯緑酒」というが、フランスでは「緑灯紅酒」だったようである。

窓辺で客を引く私娼。鉢植えと玉が目印。

このようにして、窓辺営業を続けていると、どんな「窓」でも一日平均三〇フランから一〇〇フランの「上がり」をもたらしてくれるが、しかし、その分、娼婦としてはかなり活発な営業活動をしなければならない。そうなると、近隣住民から苦情が上がるから、警察も「重い」腰を上げざるをえなくなる。

だが、なぜ「重い」のか？

まず、娼婦たちの用心深さがある。娼婦たちは、窓の外の鉄柵に鏡をくくり付け、部屋に居ながらにして通りの様子を観察できるようにしておく。この監視装置があれば、警官に踏み込まれる前に客を帰し、何くわぬ顔で応対できるからである。

また、不意をつかれて、営業中に踏み込まれたような場合には、「いま服を着るから少し待って」と口実を設けておいてから、いきなり一糸まとわぬ姿になり、「さあ、逮捕できるものなら、逮捕してみなさいよ！」と居直って見せるのである。

警察にとって、こうした「自宅」での逮捕を困難にしている原因はほかにもある。

それは、娼婦が飼っているペットや、一緒に暮らしている子供の存在である。娼婦が逮捕されて連行された後、残されたペットや子供をだれが預かるかという問題が起きた場合、隣人や門番は当然これを拒否するので、警察もなかなか逮捕に踏み切れないのである。

とりわけ、子供は、ペットと違って処理場に運ぶわけにもいかないので厄介である。母親が逮捕されそうになると、子供が泣き叫びながらスカートの裾に取りすがるなどという修羅場が演じられるので、警察の困惑は倍加する。隣人たちが「どうした、どうした？」と詰め掛け、しまいには警察の非情を非難するからである。

ところで、こうした娼婦＝母親の中には、初めから子供を逮捕の障害物として使おうとしている不埒《ふらち》な輩もいるので始末に困る。

マセが例として挙げているのは、ビュット・ショーモン公園の砂場で七歳の子供を他の子供と遊ばせながら、自分は公園の散策者相手に客引きをしていた公娼のケースである。内偵を続けていた警察が逮捕に踏み切るや、娼婦は金切り声を上げたので、驚いた子供が母親のドレスにしがみついて大声で泣きはじめた。そのため、公園中からやじ馬が集まってきて、警官の周りを取り囲んだので、警官も逮捕を諦めざるをえなかったという。

マセは、こうした「子連れ営業の娼婦」は、子供を歩哨《ほしよう》代わりに使ったり、逮捕防止の盾にしている悪質な者が多く、子供たちも精神的に堕落させられていると憤慨している。

2階から客を呼ぶ私娼

マセは言及していないが、この手の子連れ営業の娼婦に連れられている子供の中には、いわゆる「子を貸し屋」から借りてきた子供もいたのではないかと思われる。

というのも、避妊や堕胎が禁じられていたこの時代には、貧しい未婚の母が子供を産み落としたまま姿を消してしまうケースが少なくなく、街には身寄りのない孤児が溢れていたので、こうした孤児たちを集めて子を貸し屋を開き、ひと儲けをたくらむ悪党が跡をたたなかったからである。

こうした子を貸し屋の顧客の大手は物乞いだったが、娼婦の中にもここから孤児を借りて、逮捕への防波堤にしようと目論《もくろ》む者も少なからずいたにちがいない。

「窓辺の娼婦」は、家主や又貸し人から搾取されるが、そうした娼婦もまた、子を貸し屋から借りてきた孤児を搾取する。

かくして、貧困は搾取の無限の連鎖を作り出すのである。

メゾン・クローズに幕をひいた娼婦

パトリス・ルコント監督の『歓楽通り（原題　Rue des Plaisirs）』はメゾン・クローズで育った少年の回想という形式を借りて、終戦直後までフランスに存在したこの快楽の館《やかた》の内実を明らかにしたという点で特筆すべき映画だが、その中で一九四六年の四月に憲法制定国民議会で可決された公娼廃止法案は、ほとんど青天の霹靂《へきれき》のような出来事として描かれている。

すなわち、メゾン・クローズの関係者は、よもや、公娼廃止法案が「本当」に憲法制定国民議会を通るとは予想だにしていなかったのであり、心の備えもなにもなかったのである。

だが、戦後の状況を考えれば、この急激な世論の変化は起こるべくして起こったものといえる。

一九四四年八月、連合軍の戦車によってパリが解放され、ナチ・ドイツが撤退すると、市民の怒りが真っ先に向かったのは、ドイツ軍将兵と深い関係になっていた女性たちだった。ヤジ馬たちが罵声を浴びせる中、ドイツ軍将兵の「元妻」や「元恋人」たちは髪をハサミで切られて丸坊主にされたり、服を引きちぎられたりした。

次いで、その怒りは、ドイツ軍将兵の「慰安」を担当していたメゾン・クローズに向けられ、経営者がナチと共謀して純粋なフランス娘を堕落させ、ナチ将校の歪んだ性欲に奉仕させていたとして告発された。

この動きにジャーナリズムが乗らないはずはない。連日のように、ゲシュタポとメゾン・クローズの経営者との共謀が紙面で暴かれ、「ワン・トゥー・トゥー」の経営者マルセル・ジャメがゲシュタポの手下であるローリストン街のならず者集団「ボニー・ラフォン団」と親密であった事実などが暴露された。

政治家たちはいつの時代もこうした「時の正義」に敏感である。自分たちもメゾン・クローズの常連で、ナチの高官とコネがあることを自慢していた政治家でさえ公娼廃止の大合唱に加わった。メゾン・クローズは格好のスケープ・ゴートとされたのである。

そうした官民を挙げてのキャンペーンは、一九四四年の暮れから確実にフランス世論を動かしていく。一九四四年十二月には、先《ま》ずサヴォワ県、アルデーシュ県、ネモゼール県などでメゾン・クローズに閉店を命じる条例が可決される。その勢いはとまらず、一年後の一九四五年十二月にはついにパリに到達する。

一九四五年十二月十三日にパリ市議会に女性市議マルト・リシャールが提出したメゾ

ン・クローズの閉鎖案が、ピエール・コネヴァルの報告によって強く支持されるかたちとなり、市議会議長シャルル・リュイゼがセーヌ県の全メゾン・クローズに対し、三カ月以内に店舗を閉鎖するよう命じる議案を市議会にかけた結果、六九票対一票で可決されたのである。

しかし、このパリ市の決定があっても、メゾン・クローズ関係者はまだ望みを捨ててはいなかった。憲法制定国民議会で、決議案無効の採決が出れば、メゾン・クローズは閉鎖を免れるからである。

これに対し、マルト・リシャール市議は市議会の決定に力を得て、憲法制定国民議会での法案化に力を注ぎ、関係者へのロビー活動を開始した。「民の空気」を読もうとする議員は次々に現れた。公娼廃止法案を廃案にするための工作資金をメゾン・クローズの組合からもらっていた者も流れの変化を感じ取り、ずっと前から自分は公娼廃止論者だったと宣言する始末だった。

こうした雰囲気の中で開催された一九四六年四月九日の憲法制定国民議会では、ピエール・ドマンジョン議員提出の公的売春廃止法案が審議され、マルセル・ロクロール議員が公衆衛生委員会を代表して報告を行ったが、「半円形会議場は、今回は喝采ではなく沈黙に支配された。実際、議論はまったく出なかったのである。というのも、議長が前もって、『無駄な討論』は望まないことを表明していたからである」（アラン・コルバン『娼婦』藤

原書店）

　どんなことにも一言発言しないと気が済まないフランス人の議員たちにしては珍しい反応であるが、当時の時代状況を考えにいれれば、彼らの沈黙も理解できなくはない。というのも、もしメゾン・クローズ閉鎖反対を訴えたりしたら、「お前はナチの手先たちを庇《かば》い、蹂躙《じゅうりん》されたフランスの貞操に目をつぶるのか？」と非難の矢面に立たされることは明らかだったからである。かくして、ピエール・ドマンジョン議員提出の公的売春廃止法案（正式には「性病および公衆不道徳に関する対応」）は憲法制定国民議会で圧倒的多数で可決され、四月十三日をもって施行された。

　その内容は、第一条に「すべての公認娼家は、国土全体にわたって禁じられる」とある通り、メゾン・クローズの全面廃止を命じる厳しいものだった。メゾン・クローズの廃止に当たってはいっさいの賠償金は支払われず、跡地は各県知事に委託されることになった。当然、メゾン・クローズ以外の私的な売春斡旋《あっせん》施設も禁じられ、管理売春にはすべて厳しい罰則が科せられた。

　かくして、フランス全土のメゾン・クローズはこの日をもってその扉を閉ざすこととなる。住み込みの娼婦は建物から追い出され、入口の扉には法律の施行を宣言する張り紙が張り出された。豪華絢爛《けんらん》を誇った「シャバネ」「スファンクス」「ワン・トゥー・トゥー」などのパリの超高級店は一九四六年から一九五一年にかけて家具の競売を行い、その「名品」の数々は多くのコレクターによって競り落とされた。

完全閉鎖までの移行期間は納税額によって違いはあったが、一つの例外も認められることなくメゾン・クローズはここにその歴史を閉じたのである。

この「赤線最後の日」的光景は、昭和三十三年に施行された日本の売春防止法とよく似ている。ただ、違うのは、一九四六年四月十三日施行のこの法律によっても、フランスでは個人営業の売春は禁じられることはなかった点である。むしろ、こうした個人営業の売春に関しては、公的管理はさらに強化されることになる。アラン・コルバンは同じ日に付随的に可決されたドニ・コルドニエ議員提案の法律について次のように述べている。

「この法案はフランス国内全体に、娼婦の社会保険カードの制定を準備するものである。これによって、売春婦に関するデーターが中央に集められ、『売春の世界』への支配力を容易にし、なかでも彼女たちが『蒸発する』ことを防ぐこと

メゾン・クローズ禁止法の立役者マルト・リシャール（女飛行士時代の肖像）

になる。こうしたカードの設置は、理屈上は極秘ものであったにせよ、実際はガラス張り方式の最たるものであり、娼婦にとっては今まで解放への手段の最も有効なもの、つまり場所を変えたり、大都会の人びとのなかに溶けこみその社会に組みこまれようとする可能性をはばむものであったのである」(同書)

一九四六年四月十三日施行の法は、やがて、発案者の名前にちなんで「マルト・リシャール法」と呼ばれるようになり、マルト・リシャールは、シャンパンの銘酒ヴーヴ・クリコ(クリコ未亡人)に引っかけて、「ヴーヴ・キ・クロ(閉じる未亡人)」とあだ名される に至る。

では、フランス風俗史史上最大ともいえる大転換を成し遂げたこのマルト・リシャールとは、いったいどのような女性だったのか? これについて、最後にひとこと触れておくのも一興かもしれない。

マルト・リシャールは、ヒットラーやチャップリンやジャン・コクトーと同じく、一八八九年に生まれた。生地はナンシーを県都とするムルト・エ・モゼール県のブラモンという町。実家が貧しかったため、小学校を終えると十四歳でズボン製造アトリエのお針子となった。それから二年後、彼女の名前が公娼名簿に登録された。お針子から娼婦へという典型的な道を歩んだのである。ナンシーのメゾン・クローズで働いていたのか、あるいはメゾン・クローズを嫌って個人営業の娼婦をひそかに続けていたのか、どちらの可能性もあるが、どうも、後者の可能性が強いようだ。というのも、一九〇七年、マルトはパリの中央市場仲買人である裕福な商人アンリ・リシェと正式な結婚をして、リシェ夫人に収まったからである。

その後の歩みはかなり派手なものになる。

一九一三年にパイロットの資格を取得し、マリ・シュルコフ女史の主宰する「フランス飛行クラブ」の女性会員となり、自家用機を駆って大空を自由に飛翔するという楽しみを覚えたはいいが、一九一三年の八月には着陸に失敗して大ケガをする。文字通り「浮き沈み」の激しい人生を送り始めたのである。次いで、一九一四年には開戦が予想されるドイツの軍事施設を空から探ろうとする組織「フランス飛行家愛国同盟」の結成を企てるが、企画は挫折、彼女は別のルートで戦争協力の道を探ることとなる。

メゾン・クローズ禁止法の可決で閉店となった名店シャバネの売り立て広告

一九一六年に夫が戦死し、未亡人になると、マルトは愛人のラドゥー大佐からマドリッドのドイツ大使館勤務のドイツ海軍軍人の愛人となって機密情報を入手するよう命じられ、スパイ活動に従事するようになったのである。

戦後、フランスに帰国してみるとラドゥー大佐は投獄され、彼女の名前は諜報員の名簿から抹消されていたが、運命は彼女を見放さなかった。一九二六年にロスチャイルド財団の財務担当者であるイギリス人トマス・クロンプトンと結婚したとたん、クロンプトンがジュネーヴで急死し、マルトは大金持ちの未亡人という人も羨《うらや》む存在になったのだ。

運命の追い風は一九三〇年代の不況の嵐が吹きあれたあとでも止まなかった。牢獄から解放されたラドゥー大佐が一九三〇年に書いた『回想録』で、彼女をマルト・リシャールという旧姓で描き、その活躍を称賛したおかげで、いちやく「時の人」となり、彼女自身も『フランスに仕えた女スパイの人生』(邦訳題『私は女スパイだった』)を出版し、それが映画化されたおかげで、セレブの仲間入りを果たしたのである。一九三三年には愛人だった政治家エドゥアール・エリオの推薦でレジオン・ドヌール勲章まで佩用《はいよう》するに至った。まさに、勝ち組娼婦の典型のような「わらしべ長者的人生」である。

第二次大戦におけるフランスの呆気ない敗北は計算外のことだったが、それでも勝者に擦り寄るのに巧みな彼女は、自分のスパイ経歴をひけらかしながらゲシュタポに近づき、マルセイユ虐殺の張本人フランク・スピリロの愛人となったと伝えられるが、真実のほどはわからない。あるいは、例のごとく、愛人になったふりをしてレジスタンスに協力していたのかもしれない。

というのも、一九四四年八月にパリが解放され、翌年フランスで初めて女性参政権が認められるや、彼女はパリ四区の市議会議員選挙に、レジスタンス参加を売り物にして「レジスタンス・ユニフィエ」(キリスト教民主主義者の結成した人民共和派MRPに近い団体)の名簿で立候補し、見事、当選を勝ち取ったからである。

未亡人マルト・リシャールの名で議員活動を開始した彼女が最初に手をつけたのが、かつて自分を籠の鳥にしたメゾン・クローズの廃止であったことはいかにも意味深である。メゾン・クローズは、そこから巧みに抜け出した一羽の小鳥によって死命を制せられたのである。

マルト・リシャールはその後、「タブー賞」と銘打ったエロチック文学賞を制定したり、キャバレーの舞台に立ってメゾン・クローズの女将《おかみ》の役を演じたりして、なにかと話題の多い一生を送った後、一九八二年に世を去った。享年九十三。

日本の売春防止法制定の立役者となった市川房枝と比べると、マルト・リシャールの立位置の特異さがわかるだろう。フランスでは、公娼廃止論者でさえ、エロチックな存在であることを自慢しているのである。

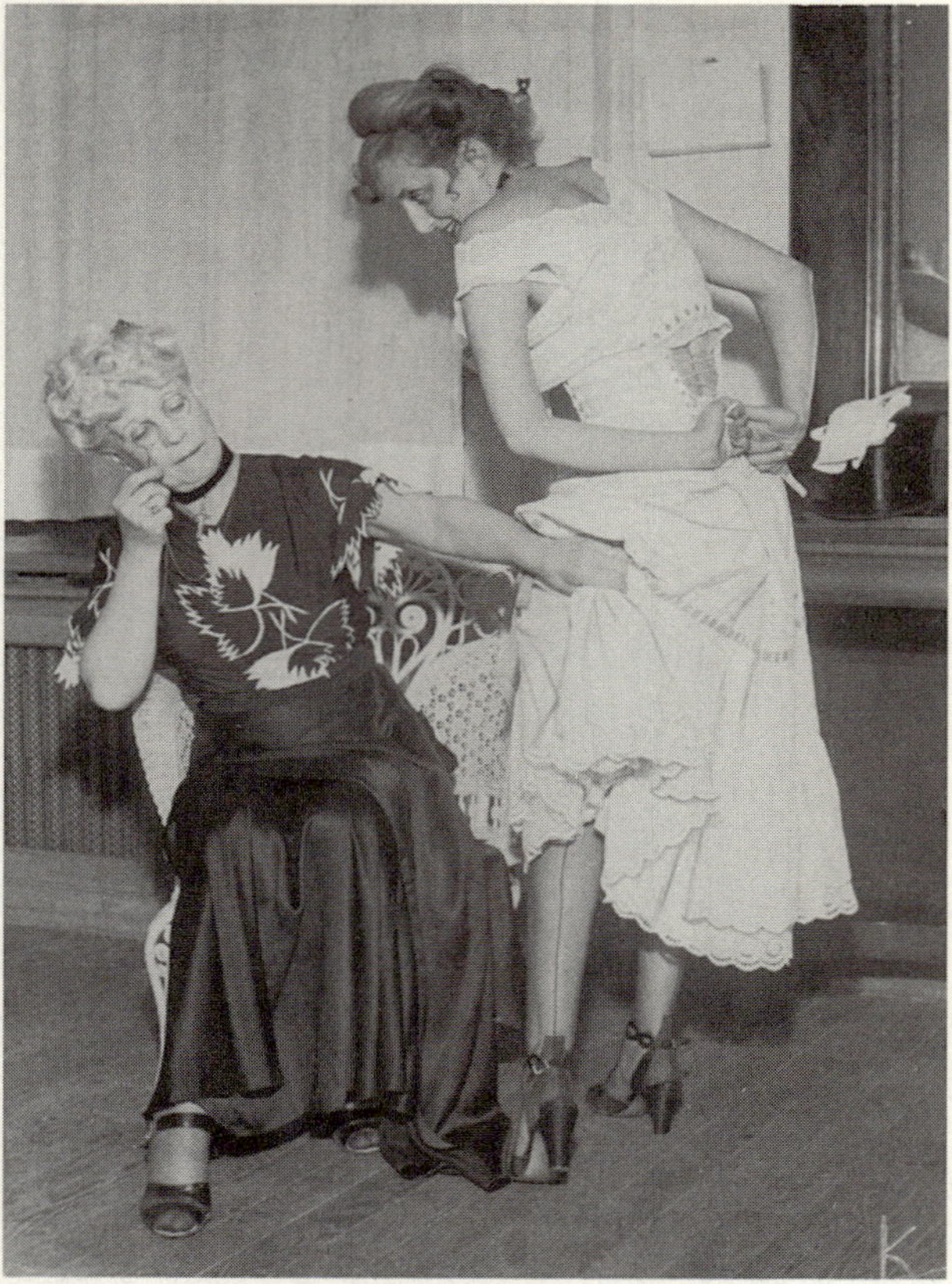

メゾン・クローズ禁止後、舞台でメゾン・クローズの女将の役を演ずるマルト・リシャール。

文庫版あとがき

本書は、『パリが愛した娼婦』を改題し、『パリ、娼婦の街　シャン＝ゼリゼ』とした上で、タイトルに忠実に、パリの街を徘徊する私娼に関するテクストを集めて一巻としたものである。すなわち、『パリ、娼婦の館』から私娼を扱ったテクストを移し、『パリが愛した娼婦』にあったメゾン・クローズを描いた文学作品の章を『パリ、娼婦の館　メゾン・クローズ』に移動させて統一を図ったのである。したがって、オリジナル版に比べて、私娼についてのテクストを集中的に読むことができるようになっている。

ところで、もし、娼婦というものにヒエラルキーをつけるとしたら、私娼というものは、このヒエラルキーの一番下と一番上に来るようになっている。つまり、ユゴーの『レ・ミゼラブル』のファンティーヌのような、貧困と社会の無理解から売春に走らざるをえない哀れな街娼も私娼なら、ゾラの『ナナ』の同名の主人公のように、想像を絶するような贅沢三昧にふける高級娼婦もまた私娼である。

そして、この上と下の中間にいるのがメゾン・クローズで働く公娼なのである。公娼は食事と住居が保証されている代わりに自由というものがない。

対するに、私娼には自由はあるが、その自由の生かし方次第で、ファンティーヌのようにもなり、またナナのようにもなる。大部分の私娼がファンティーヌだが、ごくまれにナナのような高級娼婦に成り上がる私娼もいた。

いったい、ファンティーヌとナナの運命を分けたものはなんなのだろう？　また、そうした隔絶した差異をもたらす社会構造とはなんなのだろう？　もしかして、それは、われわれが生きているこの資本主義社会そのものの構造なのではないか？

本書は前者の初歩的疑問から出発して、できる限り具体的なサンプルに当たりつつ、後者の疑問、すなわち売春と社会構造の関係について考察したひとつの社会史の試みにほかならない。

文庫化に当たっては、角川学芸出版の白井奈津子さんと麻田江里子さんにお世話いただいた。記して、感謝の言葉としたい。

また、『パリ、娼婦の館　メゾン・クローズ』と同じく、オビに推薦の言葉をいただいた漫画家の安野モヨコさんにも心からのお礼の言葉を伝えたい。

二〇一三年九月六日

鹿島　茂

本書は、小社より刊行した単行本『パリ、娼婦の館』（二〇一〇年）と『パリが愛した娼婦』（二〇一一年）を再構成し、文庫化したものです。

パリ、娼婦《しょうふ》の街《まち》

シャン=ゼリゼ

鹿島《かしま》 茂《しげる》

平成25年 10月25日　初版発行

発行者●郡司 聡

発行所●株式会社KADOKAWA
〒102-8177　東京都千代田区富士見2-13-3
電話 03-3238-8521（営業）
http://www.kadokawa.co.jp/

編集●角川学芸出版
〒102-0071　東京都千代田区富士見2-13-3
電話 03-5215-7815（編集部）

角川文庫 18219

印刷所●旭印刷株式会社　製本所●株式会社ビルディング・ブックセンター

表紙画●和田三造

ISBN978-4-04-409451-5　C0195